翻轉學

翻轉學

1句話扭轉局勢的10秒溝通術

從一流主管到國家首領見證有感！
請求、道歉、安慰、讚美、責備……
任何情境都適用的速效表達技巧

✕ 10秒讓你被討厭　○ 10秒提升好感度

只要說對一句話，待人處事無往不利

10秒で好かれるひとこと
嫌われるひとこと

佐藤綾子——著　葉廷昭——譯

Discover

第 1 章　讓人答應的請求、交涉、提案法

第 2 章　挽回雙方關係的道歉法

第 **3** 章 ｜ 說出難以啟齒內容的委婉溝通法

第 4 章　令人印象深刻的自我推銷法

第 5 章　體恤他人的關懷表達法

第 6 章 ｜ 激發對方拚勁的稱讚法

第 **7** 章 | 促使對方改進的責備法

第 **8** 章 | 讓對方說出真心話的探詢法

▍好評推薦

　　「根據研究 7 秒鐘即產生第一印象，第一句話具有關鍵性的影響力！這本書強調 1 句話扭轉局勢，10 秒提升好感度，一起學習吧！」

—— 藍如瑛，職涯名師、廣播節目主持人

推薦序
話未必要講多，能說對才重要！

—— 瑪那熊，諮商心理師、溝通表達講師

　　幾年前，網路流行過「如何一秒惹怒 OOO」，對象五花八門，例如主管、同事、老公、老婆、愛炫耀的長輩等，許多網友發揮創意、想出了各種瞬間讓對方生氣的行徑。跟我分享這些內容的朋友，邊笑邊補一句：「哪會有人真的這麼白目啊？」

　　然而身為一位溝通表達講師，依據多年來的工作經驗，讓我毫不懷疑許多人其實擁有這種「瞬間惹怒對方」的技能。當然，如果對方社會化程度夠高、很會「藏」，我們未必在第一時間發現別人被惹怒。但卻會在後續的互動中，發現對方似乎刻意保持距離，愈來愈冷淡，甚至不再有合作機會與交集。

　　言語的力量，其實遠超過我們的想像。在工作職場、一般社交等各種人際關係的場合，可能因為我們急著說出的一句話，就讓對方覺得刺耳、感到不舒服。尷尬的是，很多時候說者無意，聽者有心；但話一旦出口，往往就任憑對方自行解讀了。

　　這麼說起來，被誤會、不小心惹怒別人，我們難道無法控制，只能順其自然，全靠運氣嗎？當然不是。雖然話語的「最終解讀權」在對方身上，但我們仍可以透過文字調整、

語氣與肢體訊息，來減少被誤會的機率，甚至還能運用這些技巧，讓對方感到自在舒服，增加對我們的好印象。

大家在職場可能遇過一種人，未必是能力超級優秀、外貌特別出眾，但不知為什麼，大家總是喜歡跟他互動，身邊也容易聚集一群團隊伙伴；同時你可能也見過那種，雖然擁有極高專業與能力，但大家只想跟他保持最低限度的互動，最好上班當同事，下班彼此不認識。為何會有這麼大的差異呢？很多時候，就是「看似簡單的說話內容」影響了旁人對我們的觀感。

擁有 40 年實務經驗、指導過四萬名主管，來自日本的表達心理學權威佐藤綾子，認為別人對我們的印象好壞，未必要經年累月，說很多話，關鍵只需要 10 秒鐘！這 10 秒鐘，就是我們說一句話的時間；神奇的是，短短的話語內容，就能改變別人對我們的印象！在其著作《1 句話扭轉局勢的 10 秒溝通術》中，列舉了日常到職場，幾乎每個人都會遇到的情境，解析「10 秒讓你被討厭」與「10 秒提升好感度」的語句差異，並以淺顯易懂的圖文來教我們如何「講對話」！

讓我印象深刻的，是書裡有一章專門解析「不小心出包，需要道歉」時候的說話技巧。畢竟大家上班開會或聚餐約會，難免有遲到的時候吧？有些人的習慣是急著解釋，例如「抱歉、抱歉，沒想到雨下這麼大，路上實在太塞了！」根據作者的看法，理由太多反而給人一種「找藉口開脫」的負面觀感，而且這種句型，與其說在抱歉，不如說重心在「解釋」、「說服」對方，自然無法達到修復關係的效果。

相反地，若我們說的是「抱歉我遲到讓你等了這麼久，我下次一定提早出門！」則是將重心放在「同理」與「提出改善方法」，較能讓對方感受到你道歉的誠意，對修復關係也有較好的效果。

其他像是「會議上想提出新的方案」、「會議上被 cue 到但不知該講什麼」、「正要下班但主管丟了大量工作過來（這超實用啊！）」，甚至「同學會遇到很久沒碰面的人」、「想稱讚對方」、「想關心對方」時的各種說話技巧，涵蓋了許多日常社交、職場溝通情境。

最有趣的是，本書提供的是 10 秒鐘的回話技巧，所以學起來輕鬆簡單、容易記憶。千萬可別小看這 10 秒鐘，或許就是助你提升人緣、溝通更順暢的關鍵之處喔！

開口第一句話，10 秒決定溝通成敗

請分享一下你的個人觀感。「10 秒」對你來說很短？還是很長？區區 10 秒，影響可不小。

好好善用這寶貴的「10 秒」，你可以傳達很多的資訊。

美國心理學家提摩西・威爾森（Timothy D. Wilson）和認知科學家約翰・梅迪納（John Medina）的研究顯示，人類的視覺在 1 秒內就能吸收一千萬種訊息，腦部會處理其中的 40 種訊息。換句話說，短短 10 秒眼睛就會吸收一億種訊息，腦部則會處理其中的 400 種訊息。人類有能力在短暫的 10 秒內，處理各式各樣的訊息。

那麼，10 秒內我們能傳達多少文字呢？我研究表達心理學 40 年了，研究指出人類在 10 秒內大約能說出 44 個文字（包含句讀）[*]。10 秒內的視覺訊息高達一億，腦部處理的訊息也有 400，但傳達出去的文字只有 44 字。三方的訊息量落差太大了，因此善用簡短的文字訊息，是一種非常有價值的技巧。在一般情況下，人們 10 秒內說出來的話都是未經思索的，你只要改善這一點，即可大幅提升溝通品質。

我主辦的商業技巧研習營，會帶大家練習「10 秒演說」。善用短短的 10 秒，不但能掌握對方的心理，還可以按照你的需求誘導對方的情緒。

---

[*] 編按：此 44 個文字是作者 40 年研究所得，是以日文文字來算，換算成中文，以 1 字 1 音節來看，也可適用。

　　我也指導過政治人物演說技巧，非常清楚這 10 秒有多重要。選舉催票時，你只有 10 秒時間爭取路人的青睞。

　　職場上也是一樣的道理。當你在走廊碰到繁忙的同事或上司，而你只有一句話的時間吸引他們的注意力，請問你會怎麼說？

　　忙碌的現代人分秒必爭，10 秒鐘就該表達 10 倍的心意了。不過，你對 10 秒的重要性有自覺，還得掌握正確的知識，平日多加練習才行。

　　本書分成 8 個主題，分別是「請求」、「道歉」、「說出難以啟齒的事情」、「自我推薦」、「表達關懷和體恤」、「讚美」、「責罵」、「套出真心話」。每一個主題都會教各位如何善用 10 秒溝通術。

　　每一章都有不同的準則，只要你按照準則構思 10 秒內要說的話，就有機會獲得對方的青睞。

　　另外，每一章也都有具體的應用情境，範圍涵蓋職場和日常生活。同時也會介紹得體和不得體的說話方式。每一個句子會分成兩到三個部分，並說明每一個部分能帶給對方何種印象。請各位代入情境當中，練就說出言簡意賅的說話技巧吧。

　　本書的另一個特徵，就是用插圖介紹肢體動作的表達重點，讓你更有效地表達最關鍵的一句話。所謂的肢體動作，就是指非語言的溝通方式，好比表情或身體的小動作等等。這些肢體動作的技巧都有心理學的理論依據，有助於提升 10 秒溝通術的效果。視覺在 10 秒內能吸收一億種訊息，請務必善用這項能力。你可以先挑自己感興趣的章節或情境閱讀。

10秒提升好感度的表達準則精華

購買本書的讀者，可以從下列連結下載各章節的重點整理，內容包含各情境需對應的心理學準則，讓你隨時隨地構思10秒說話術。

連結

https://reurl.cc/mMgQ67

第 **1** 章

讓人答應的
請求、交涉、提案法

10 秒溝通關鍵，
讓請求、交涉、提案無往不利

生活中，常見各種大大小小的請求、交涉、提案。交代下屬工作也算簡單的請求，至於議價和升遷問題，也脫離不了這 3 大範疇。

那麼，這些行為的共通目的是什麼？

答案是，**讓對方理解和接納你的談話，並採取行動**。達成這一連串流程，就是這些行為的共通目的。

其實，只要了解箇中機制和訣竅，做起來並不困難。

日常生活中的請求和提案可謂不勝枚舉，比如邀請同事參加活動，這一類的小事也算是請求和提案。

我處理過最大的交涉問題，是購買美國土地的交易案。

某家大企業為了造福日本的青少年，便委託大型的廣告代理商，在蒙大拿州購買一片廣大的土地。交涉的工作由我負責，詳情關乎商業機密，而我就是用了本章的 10 秒準則，才讓賣方點頭同意。

請大家好好學習請求、交涉、提案的技巧。這一套技巧在日常生活和商業活動中，都有非常好的效果。

本章的 5 大準則

1 不要否定對方過去的做法

否定對方過去的做法，形同在否定對方的人格。對方一旦覺得人格被否定，就不肯聽你說話了。

2 認同對方

心理學的觀念認為，每一個人都有「尋求認同」的欲望。這種欲望獲得滿足，才會虛心接受別人的意見。

3 提案時要以退為進

一開始先接受對方的要求，再進行提案。如此一來，你的提案才會說入對方心坎。

4 使用「惠我良多」的訊息

你要告訴對方，如果他願意聆聽你的要求，你會很高興、很感激他。這種以我為主體的對話方式，就是惠我良多的訊息。把「對方肯幫忙」的大前提，和「皆大歡喜」的結果串聯在一起，就可以達成提案目的，又不必攻擊對方了。

5 直視對方的眼睛，進行柔和的眼神交流

這麼做可以讓對方知道，你正在表達重要的訊息。再者，這也是在表明你沒有提出強硬的主張，對方比較容易接納你的提案。

10 sec. 讓對方接納你的意見

情境 **1** ## 在會議上提出全新的構想

#希望意見被採納　#希望大家認為這是好意見

＼ 10 秒讓你被討厭 ／

之前提案的內容有很多缺點。
不過，我的提案剛好可以
彌補這些缺點。

31 字

＼ 10 秒提升好感度 ／

我認為前人的心血很棒，
在這個基礎上，我想再多加一個
新的提案，大家覺得如何呢？

38 字

✖ 使用否定的說詞會招來反感

> 之前提案的內容有很多缺點**1**。
> 不過，我的提案剛好可以彌補這些缺點**2**。

　　這種方式違反了第 1 條準則，亦即「不要否定對方過去的做法」。尤其在提案之前，**還加了一句「不過」來做前後比較，對方會擔心更進一步的批評**。這種情況下，對方很難接納新的意見。

　　提案之前就先在對方心中留下「負面印象」，純粹是吃力不討好。

　　自己過去的做法被批評，沒有人會開心的。

 Good Point

⭕ 呼籲求新求變，並肯定過去

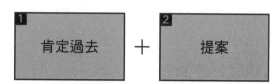

> 我認為前人的心血很棒❶，
> 在這個基礎上，我想再多加一個新的提案，
> 大家覺得如何呢❷？

先肯定過去的作風，符合第 1 條準則「不要否定對方過去的做法」。

由於在提案之前有先做到這一點，因此整段談話也完美符合了第 3 條準則，達到了「以退為進」的效果。

大致來說，表達方式分為 3 大類型：

❶ **攻擊性的主張，以自己的意見為尊，徹底否定對方。**

❷ **不提出主張的類型，遵從對方的意見。**

❸ **肯定彼此的對等主張（給予對方肯定的自我主張）。**

所謂的「對等主張」就是在提案之餘，和對方保持良好的關係。這也是諮商心理學常用的技法，在各種商業情境下也很有效果。

加入「微笑」和「點頭」，並表達你的認同，對方就會採納你的意見

- 兩邊嘴角輕輕往上揚，露出淺淺的微笑。
- 再輕輕點一下頭，表達你的認同。

10
sec.
督促對方改善問題，衝破困境

情境
2

交辦下屬工作卻被拒絕

#希望對方接受提案　#不希望留下太煩人的印象

＼ **10 秒讓你被討厭** ／

 連這點小事都做不到，
你做不來這份工作。

19
字

＼ **10 秒提升好感度** ／

 你是不是遇到瓶頸，
所以才辦不到？
有問題不妨說出來，
我可以幫你。

31
字

✖ 否定對方人格，對方不可能接納建言

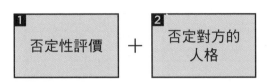

> 連這點小事都做不到**1**，
> 你做不來這份工作**2**。

　　除非對方的個性很好強，否則用「你做不來這份工作」的說法否定對方，對方會失去努力的意願。一般人聽到這種說法，反而會非常失落。如果你希望對方處理這份工作，這句話只會造成反效果。**斷定對方「做不來這份工作」，也是在扼殺其成長的機會**，甚至會被當成言語上的暴力，所以千萬不要這樣講。

　　這句話**違反了第 1 條準則「不要否定對方過去的做法」**，也不符合第 2 條準則。不但沒有表示認同，還傷害了**對方尋求認同的欲望**。這種說法只會激怒對方，或是傷害到對方。無論是哪一種結果，對方都不可能接納你的建言。

提問刺激對方思考，打聽出做不到的理由

 幫助對方
客觀思考

＋

 齊心協力

你是不是遇到瓶頸，所以才辦不到**1**？
有問題不妨說出來，我可以幫你**2**。

　　如果對方認為自己辦不到，你身為前輩或上司，一定要展現出「幫助對方解決難題」的態度。因此，你得先打探出對方的理由。好比這一個情境，先用提問刺激對方思考，對方比較願意說出理由。「我可以幫你」也會帶來安心感，讓對方產生躍躍欲試的心情。萬一對方沒有正當理由，只是想找藉口偷懶，聽到你這樣講也會緊張。這種說法也可以分辨對方是否真有難言之隱。

換個
說法也行

我明白了，太困難了是吧。那麼，按照這一份範例去做或許有幫助。真的不行的話，記得來找我商量。

- 如果對方不曉得該怎麼做，用這種說法也未嘗不可。
- 提供範例和協助，能大幅減輕對方的心理負擔。

用柔和的表情和語氣，盡可能展現親和力，不要帶給對方壓力

- 語氣比平常溫和緩慢一點。
- 溫和凝視對方的雙眼。
- 嘴角微微上揚。
- 若雙方的關係夠親密，可以輕拍對方的肩膀，表達親近之情。

在逆境中提升自我的評價

情境

3　得知要被降薪或砍獎金

#希望提升評價　#希望獲得認同　#希望未來還有升遷機會

＼ 10 秒讓你被討厭 ／

咦？真的假的？
我很努力工作耶，
為什麼會這樣安排啊？

25
字

＼ 10 秒提升好感度 ／

好的，我明白了，
是我不夠努力，
明年我會繼續加油，
還請多多指導。

31
字

Bad Point

❌ 想提高評價，就不要否定對方的做法

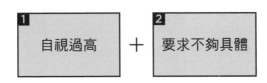

> 咦？真的假的？
> 我很努力工作耶**1**，
> 為什麼會是這種安排啊**2**？

　　這種說法違反了第 1 條準則，強烈否定對方的做法，對方聽了當然不高興。說不定上司的薪資和獎金也被砍了，請試著替對方想一下。

　　另外，這也違反了第 2 條準則，你否定了上司給予的評價，間接傷害了上司對自身的認同感。

　　這整段話也違反了「以退為進」的準則，會給人不好的印象。

Good Point

⭕ 給對方尊重，表達出你力求突破的熱忱。

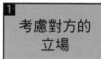
1 考慮對方的
立場

＋

2 正面的
自我評價

＋

3 今後的展望

好的，我明白了**1**，
是我不夠努力**2**，明年我會繼續加油，
還請多多指導**3**。

　　這種說法符合第 1 條準則，**肯定了對方的做法**。而且，也展現出你未來會力爭上游的雄心和意志。因此，也完美符合了第 3 條「以退為進」的準則。

　　至於請對方多多指導，則符合第 2 條準則，滿足了上司的自我認同感，這是一種非常高明的話術。擅長這種話術的人，特別容易獲得上司的提拔和青睞。

換個
說法也行　　我會繼續努力，爭取明年的績效獎金，還請多多
指導。

- 給人謙虛的好印象。
- 具體宣示「明年」一定會成功，在上司心目中有機會留下好印象。只要言出必行，下一次審核個人績效時，想必會有令人滿意的結果。

凝視對方的眼睛，可以展現你的誠意和熱忱

NG

OK

咦？我很努力工作耶，
為什麼會這樣？

我明年會
再接再厲！

不錯喔！

- 皺起眉頭說話，整段談話會給人負面的印象，不要這樣做。
- 溫和凝視對方眉心，或是兩眼外側到鼻梁的部位。
- 表明你會再接再厲時，眼睛要睜大一點，看著對方的眼睛說出這句話。

督促對方做出行動和改變

情境
4

組員自私的言行舉止，讓大家不堪其擾

#不希望破壞團隊和諧　#不希望傷害對方

\ 10 秒讓你被討厭 /

你這個人真的很自私耶！
像你這種人，
沒人會願意幫助你啦！

㉗
字

\ 10 秒提升好感度 /

你最近都在忙自己的事情，
比較沒心力顧及大家吧。
麻煩你多擔待一下，
幫幫其他的組員吧？

㊶
字

Bad Point

✗ **太強烈的否定絕對不行**

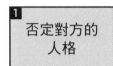

你這個人真的很自私耶**1**！
像你這種人，沒人願意幫助你啦**2**！

當你說出對方「很自私」，其實你就輸了。因為這是徹底否定對方的人格，沒有符合第2條準則「認同對方」。人類的語言和表情是互相連動的，這代表你說出這句話的同時，表情不會太友善。對方只會接收到更強烈的負面訊息，不可能打開心房。

況且「沒人願意幫助你」這句話，等於是在威脅對方，要斷絕一切的協助。用這種粗暴的說法，對方不可能明白你真正的用意，也不會主動幫助團隊了。

Good Point

◯　表達同理心，縮短雙方的距離

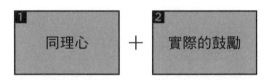

| 1 同理心 | ＋ | 2 實際的鼓勵 |

> 你最近都在忙自己的事情，
> 比較沒心力顧及大家吧**1**。麻煩你多擔待一下，
> 幫幫其他的組員吧**2**？

　　對方確實只顧自己，但不要急著否定對方，而是表達你的諒解，**先試著消除雙方心理上的隔閡**。

　　還有，不要直接拜託對方「請你幫助其他團隊成員」。要用提問的方式，**留給對方一個選擇的餘地**，這樣對方比較容易接受。就算對話只有短短 10 秒，有時候不要操之過急，反而會有更好的效果。

換個
說法也行　　其實大家也都在忙自己的事情，無暇顧及他人。
　　如果你可以分點心幫助大家，我們都會感謝你的。

- 假如你是上司，用這種說法就沒問題。

- 告訴下屬，無暇顧及大局的不是只有他。如此一來，下屬知道自己還不成熟，聽到你寬宏的說法，也會如釋重負。

- 用委婉的說法讓對方知道，幫助別人就是促進自己成長。積極進取的下屬如果聽到這種說法，就會改變自身行為。

談話中加入這些肢體動作

找個好的角度凝視對方，可以表達你的同理心

麻煩你多擔待一下，幫幫團隊的其他成員吧？

- 脖子偏斜 30 度左右，不要偏向對方，而且要從斜下方往上凝視對方的眼睛。
- 對話中記得點頭稱是，表達你的感同身受。

 讓對方按照你的意思行動

情境 5

議價時，請對方降價

\#提出難以啟齒的要求　\#不希望破壞雙方的關係
\#希望談到好價碼

＼ **10 秒讓你被討厭** ／

 超出預算太多了，
這樣我沒辦法跟你做生意。

20
字

＼ **10 秒提升好感度** ／

 這數字稍微超出我們的預算，
請問有沒有調整的空間？

24
字

太過誇張的表達方式，會降低對方合作的意願

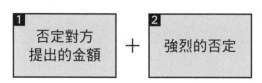

> 超出預算太多了**1**，
> 這樣我沒法跟你做生意**2**。

　　當你說出「預算超出太多」這句話，**對方會認為，就算他再降一些價格，你也不見得會買帳。**

　　再者，「我沒法跟你做生意」這句話說得太絕，**對方一定會心生不滿**，可能再也不想跟你做生意。換句話說，這一整段話幾乎不會有好的結果。

Good Point

 要留給對方判斷的空間

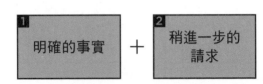

這數字稍微超出我們的預算 **1**，
請問有沒有調整的空間 **2**？

在談到具體的金額時，最好用婉轉一點的說法，才能帶給對方好的印象。

實際殺價的時候，**形式上最好留給對方選擇和判斷的餘地**，這才是聰明的做法。就算殺價不成，說不定對方會提供其他服務，還是有皆大歡喜的可能性。

談話中加入這些肢體動作

用柔和的表情和手勢，降低交涉的困難度

- 請對方通融一下的時候，拇指和食指做出捏東西的動作，彷彿在捏什麼薄片一樣。
- 嘴角要保持微笑的角度。
- 太銳利的眼神會給人壓力，對方可能不願意降價。

10 sec. 給對方解釋的餘地，督促他趕快行動

情境 **6** 拜託對方趕快支付尾款

#希望事情和平落幕　#希望對方馬上處理　#不希望催促對方

＼ 10 秒讓你被討厭 ／

 您好，您以前就有延遲匯款的紀錄，
這一次也忘了是嗎？
請支付拖欠的款項。

34
字

＼ 10 秒提升好感度 ／

 您好，可能您不小心忘了，
如果可以盡快支付款項，
我們會很感激。

30
字

✖ 不要翻舊帳

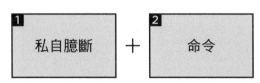

> 您好，
> 您以前就有延遲匯款的紀錄，
> 這一次也忘了是嗎**1**？
> 請支付拖欠的款項**2**。

　　過去對方只有一次延遲匯款的紀錄，**但這種說法，講得好像對方每一次都延遲一樣**。這違反了第 1 條準則，等於否定了對方以往的做法。就算對方真的有幾次延遲匯款的紀錄，你也不應該翻過去的舊帳。

　　尤其那一句「請支付拖欠的款項」是命令的口吻，**對方會認為你高高在上**。光是這一句話，就有可能破壞雙方未來的交易關係。

 Good Point

◯ 留給對方解釋的餘地

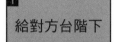 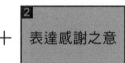

> 您好，可能您不小心忘了**1**，
> 如果可以盡快支付款項，我們會很感激**2**。

　　也許對方不是故意的，純粹是忙中有錯忘記了，**用這種說法，等於間接包容了「貴人多忘事」的行為。**

　　至於下一句「如果可以盡快支付款項，我們由衷感激」，也確實符合「惠我良多」的第4大準則。用這樣的說法，對方也會老實承認自己忘記，**盡快採取補救的措施。**

談話中加入這些肢體動作

督促對方行動時，表情不要製造壓力

* 皺眉頭或眉毛往上吊，對方會認為你太小題大作。
* 眼神柔和一些，嘴角部位放鬆，盡量表達出平靜溫和的模樣。

10 sec.　表達你的熱忱和感謝

情境 **7** ｜ **和上司協商調動職務**

#不希望被當成忘恩負義的人　#希望上司答應你的要求
#希望表達感謝之情

＼ 10 秒讓你被討厭 ／

　我認為現在的職務不適合我。
能不能把我調到其他單位呢？

26 字

＼ 10 秒提升好感度 ／

　現在的職務讓我學到很多經驗，
我希望能到新的單位學習更多技能。

30 字

不要強迫別人接受你的判斷

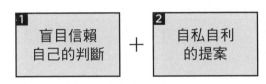

我認為現在的職務不適合我▇。
能不能把我調到其他單位呢▇。

如果你擺出一副仰人鼻息的低姿態，還皺起眉頭好像很困擾的模樣，上司只會認為你這個人太沒格調了。

況且，「現在的職務不適合我」這句話是你自己的判斷。用這句話當你的依據，上司不會認真看待，甚至還會覺得你太任性。有的上司認為自己安排的工作很恰當，聽到你這樣講，說不定會罵你胡說八道、講話毫無依據。優秀的上司知道，缺乏經驗的年輕人常有這種「錯誤的自我認知」。所以上司可能會勸你，不要太早下定論，再多努力一段時間比較好。就算你不是菜鳥，提出這樣的自我認知，人家只會當你自我意識太強烈。

Good Point

 以感謝的心，說出正面的提案

1 感謝目前的待遇	+	2 發表正面的提案

現在的職務讓我學到很多經驗**1**，
我希望到新的單位學習更多技能**2**。

想要打動上司的時候，你要遵照以下兩個準則。

1. 說出你的感謝之情，而不是怨言。
2. 你的提案要積極正面。

要求升遷時，也不能違背這兩大準則。

當你說出「現在的職務讓我學到很多」，就算沒有直接表達感謝，上司也能體會到你的感謝之意，自然心花怒放。再者，**你還表達了精益求精的欲望，上司對你會很有好感。**

對上司提出要求時，記得凝視對方的眼睛，同時保持開朗愉快的表情，以鏗鏘有力的語氣和清晰的邏輯交談，如此一來成功率會大幅提升。

談話中加入這些肢體動作

以恭敬的態度和眼神表達上進心，再提出建設性的意見

- 開口前先鞠躬致意，身子前傾 10 到 30 度左右。
- 開口前先凝視對方的眼睛，說完之後再一次進行眼神接觸。
- 為了表達上進心，眼睛務必炯炯有神，並且看著對方的眼睛說話。

第 2 章

挽回雙方關係
的道歉法

利用 10 秒的時間聰明道歉，培養更加良好的關係

不論是處理工作或人際關係，一帆風順的時候都沒什麼壓力。可是，工作和人際關係經常發生「誤會」，小錯演變成大錯的情形也時有所聞。

有句話是這麼說的：「犯錯乃人之常情，寬恕乃神之聖行」（To err is human, to forgive is divine）這代表人類經常犯錯失誤。

有時候我們聽一個人說話，就覺得彼此的價值觀不合，甚至不願意再往來。

根據表達心理學的理論，**出錯的人際關係只要好好補救，其實有機會建立起更密切的人際關係**，而且這是處理人

修正行動的理論

分裂　　　　　危機　　　　　修正行動　　　　重修舊好
breach　　　　crisis　　　　redressing action　　reintegration

失敗後再次陷入危機

Schechner, R., Essays on performance theory 1970-1976 ©2019 Ayako Sato
IPA國際表達研究所，IPEF表達教育協會

際關係必備的技巧。這種補救措施稱為「**修正行動**」，所謂的「修正行動」就是道歉和謝罪。以下圖為例，就算發生誤會（危機），只要做出適當的「修正行動」，就有機會建立更密切的關係（重修舊好）。不過，「修正行動」沒處理好，雙方的關係會再次陷入危機，道歉和謝罪就沒效果了。

本章的 2 大準則

① 遵守「修正行動理論」

在道歉挽回雙方關係的時候，一定要遵守「修正行動理論」，這是表達心理學的根本。在關鍵危機或分手話題爆發之前，要巧妙利用 10 秒修復話術，重修舊好。

② 先把對方放在自己前面

1. 道歉不要先講理由

否則對方只會覺得你油腔滑調沒誠意。

2. 不要轉嫁責任或自我防衛

否則對方只會覺得你卑鄙。

3. 要依照情節的輕重慎選道歉的言詞

依照不同的情況慎選道歉的言詞，否則誠意不足會再次激怒對方，太過誇大又有矯揉造作之嫌。

10 sec. 表達歉意，提升自我評價

情境 **1** ｜ # 班車誤點導致上班遲到

#希望好好表達歉意　#不希望被當成理由伯
#希望有挽回的機會

＼ **10 秒讓你被討厭** ／

 哎呀！不好意思。
沒想到今天有人臥軌，
結果下一班列車又誤點……

30字

＼ **10 秒提升好感度** ／

 真的很抱歉，
我竟然在重要的場合遲到了。
我之後一定會盡力彌補，
下次絕不再犯。

37字

✕ **不管原因為何，不要先找理由**

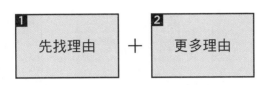

乍看之下，這整段話一開頭是先道歉，好像沒什麼問題。但後面又講了一大串理由，反而比道歉的部分還要多。換句話說，對方只會認為你在找藉口。

在這個情境中你已經遲到了，對方心中也留下了疑慮，這屬於「修正行動理論」中的「分裂」階段。你可能以為自己先做了「修正行動」，**但「推諉卸責」的壞印象蓋過了這一點，所以是失敗的修正行動。**在做修正行動時，一定要以道歉的訊息為主。

否則，對方的情緒會從「分裂」惡化成「危機」（把你列為拒絕往來戶），這違反了道歉的兩大準則。

Good Point

○ 先誠懇道歉，修復彼此的關係

| 1 道歉 | + | 2 再次認清事實 | + | 3 今後的改善方案 |

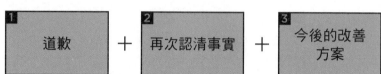

真的很抱歉 **1**，
我竟然在重要的場合遲到了 **2**。
我之後一定會盡力彌補 **3**，下次絕不再犯。

　　在這10秒的過程中，完全沒提到列車誤點的事情對吧。一開始先誠心道歉，再來表明改過的決心，藉此修復彼此的關係。

　　誠心道歉的同時，請善用下一頁介紹的「深深一鞠躬」動作，並向對方保證你未來一定會改善。如此一來，**對方會改變看法**，決定再給你一次機會。也就是說，你從「修正行動」進展到了「重修舊好」的階段。

談話中加入這些肢體動作

以真誠的口吻、姿勢、眼神，表達你的歉意

要放感情進去

真的非常抱歉。

音調要稍微降低。

- 道歉的時候，不要一副打官腔的口吻，要真心誠意說出來。
- 說到「非常抱歉」的時候，音調要稍微降低。
- 在你承認自己遲到時，口吻要慢一點，並且進行眼神接觸。
- 保持挺拔的姿勢直視對方眼睛，說出你一定會改過的決心。

10 sec. 表達歉意後，將傷害降到最低限度

情境 **2** ## 開會忘了帶重要文件

#希望沉著應對　#不希望激怒對方　#不希望危及自身的評價

＼ 10 秒讓你被討厭 ／

不好意思，我找不到文件，
不曉得跑到哪裡去了……

23 字

＼ **10 秒提升好感度** ／

○ 真的很抱歉，
我沒有把文件帶來，
是我疏忽了。
請容我用口頭說明好嗎？

32 字

✖ 不要用推諉卸責的表達方式

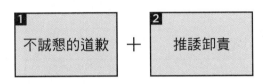

> 不好意思**①**，
> 我找不到文件，
> 不曉得跑到哪裡去了……**②**

　　這種不誠懇的道歉態度，對方會覺得你根本沒當一回事。前面提過，要依照情節輕重來決定道歉的方式，這種道歉方式違反了第 3 條準則。而且，後面那一段話講得好像文件自己跑不見一樣，推諉卸責莫此為甚，會給人非常沒責任感的印象。這算不上說明。

　　你要明確告訴對方，過失的責任在你身上，而不是推諉卸責。

 Good Point

⭘ **慎重選擇道歉的言詞，提出補救方案**

| **1** 慎重道歉 | ＋ | **2** 用提問的方式，說出補救方案 |

真的很抱歉**1**，
我沒有把文件帶來，是我疏忽了。
請容我用口頭說明好嗎**2**？

　　先道歉是正確的決定，有些人道歉只會說「抱歉」，如果對方是重要的客戶，**「抱歉」就顯得不夠恭謹**。請依照對象和當下的狀況，慎選道歉的言詞。你選擇的道歉方式，要給人誠懇有禮的印象才行。

　　提供替代方案也是不錯的方法。這代表你勇於承擔責任，沒有推諉卸責。

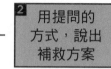 **換個說法也行**　真不曉得該如何對您交代，我竟然忘了帶文件過來，真的非常抱歉。

- 最初的 10 秒都用來道歉也沒問題。
- 可是只顧著道歉，對方可能會擔心接下來該如何是好。

談話中加入這些肢體動作

言詞和動作要莊重，對方才能感受到你的誠意

- 講話速度不要太快，一邊低頭一邊道歉，試圖淡化整件事情也不是正確的作法。
- 語氣要緩慢而莊重，神情保持嚴肅，凝視對方的雙眼。
- 最後用提問的方式說出替代方案時，稍微歪著頭，用柔和的眼神看著對方，來表達你的真心誠意。

 誠懇道歉博取信任

情境 3

改過約見時間，但臨時又有事

#希望表達歉意 #希望對方接受提議

＼ 10 秒讓你被討厭 ／

抱歉，
因為最近太忙，
我的日程好像有沖到，
換一天見面好嗎？

28
字

＼ 10 秒提升好感度 ／

真的非常抱歉。
前幾天我們改好的碰面時間，
可否再調整一下呢？
以後我一定會仔細核對行程的。

43
字

Bad Point

✗ 個人理由聽起來像藉口

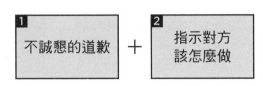

> 抱歉**1**，
> 因為最近太忙，我的日程好像有沖到，
> 換一天見面好嗎**2**？

　　你忙不忙那是你的事，不應該對重要的客人講。當你說自己是太忙才會犯錯，這句話就成了藉口，而不是道歉。對方可能會覺得你很大牌，對你產生不好的印象。

　　另外，「換一天見面可好」形同在命令對方，**不能因為你的失誤強迫對方配合，這種說法很要不得**。

　　這些話聽在對方耳裡，只會覺得你在找藉口，而且還頤指氣使下命令。根本無法達到修復行動的效果，這是失敗的道歉方式。

 Good Point

⬤ 先放下自己的理由，真心誠意道歉

真的非常抱歉**1**。前幾天我們改好的碰面時間，
可否再調整一下呢**2**？
以後我一定會仔細核對行程的**3**。

　　先說「真的非常抱歉」來表達道歉的誠意，這種開場沒問題。千萬不要說你很忙、你忙不過來，這都是藉口。而且，對方可能會覺得你在炫耀自己事業有成，所以請多多留意，不要表達出這樣的態度。我方連續兩次變更行程，也要對此表明歉意才行。

 換個說法也行　連續兩次更改碰面時間，真的很過意不去，十分抱歉，請您多多包涵。

換個說法也行　連續兩次更改碰面時間，給您添了大麻煩，實在很抱歉。請再幫忙最後一次就好。

- 承認自己給對方添麻煩，代表你設身處地為對方著想。
- 就算是嚴重的過失，對方或許也會原諒你。

談話中加入這些肢體動作

先低頭致歉，接著提出替代方案

脖子朝非慣用手的方向偏 20 度左右

要改幾次都行。

前幾天我們改好的碰面時間，可否再調整一下呢？

- 看著對方的眼睛低頭致歉，之後說出「真的非常抱歉」。
- 當你要求再次更改碰面時間，不要直視對方的瞳孔，而是要稍微拉開焦距，凝視整個眼睛。
- 脖子朝非慣用手的方向偏 20 度，比正面相對要好得多。會給人一種溫和又低姿態的懇求印象。

 誠懇道歉力保不失信賴

情境

4

下屬應對不當，導致被客訴

#不希望情況惡化

＼ 10 秒讓你被討厭 ／

這樣喔……依我看，
我們的員工應該不會
做那種事啊……

25
字

＼ **10 秒提升好感度** ／

原來是我們員工的疏失，
真的非常抱歉。我馬上去確認狀況，
到時候再與那名員工一起
登門道歉。

43
字

Bad Point

✖ **不要找藉口規避責任**

> 這樣喔……**1**
> 依我看**2**，
> 我們的員工應該不會做那種事啊**3**……

　　首先，不肯承認我方員工有錯，這聽起來有護短之嫌。來抱怨的客戶只會更加火大，遇到這種狀況不要急著護短，而是先體諒對方的感受。真要保護下屬，之後再做就好。

　　否則，一開始就急著護短，人家只會覺得你推諉卸責、敷衍搪塞。這樣無法達到「修正行動」的效果，道歉也將以失敗收場。

 Good Point

◯ 先承認事實，表明下一步行動，以達到修正的效果

| 1 認同對方的怨言並複誦一遍 | + | 2 明確指出後續處置 | + | 3 答應對方會有後續報告 |

> 原來是我們的員工疏失，真的非常抱歉1。
> 我馬上去確認狀況2，
> 到時候再與那名員工一起登門道歉3。

公司的員工犯錯，當事人確實應該負最大的責任，但上司也該盡指導的義務。因此，上司主動對外道歉，有足夠的分量和效果。誠心道歉並安排補救措施，這也是上司的工作。這種作法也符合「修正行動理論」，請牢記本章的大前提。

> 換個說法也行　原來我們的員工有沒做好的地方，真的很抱歉。待我確認狀況後，一定跟您回報。

- 先複誦一遍我方的過失，可以滿足對方的認同需求，對方會認為你有好好聆聽他的訴求。
- 由於我方有提出具體的處理方式，對方會暫時壓下怒氣，看你之後的處理狀況。
- 把對方說的話一條一條理清楚，你也可以逐一複誦我方有哪些缺失。複誦的同時點頭稱是，凝視著對方的眼睛。

談話中加入這些肢體動作

用柔和的眼神接觸，表達你的歉意和後續應對方案

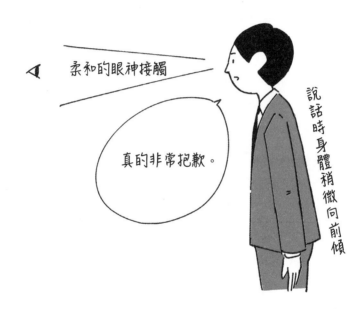

柔和的眼神接觸

真的非常抱歉。

說話時身體稍微向前傾

- 進行柔和的眼神接觸，說話時身體稍微向前傾。
- 不要抬頭挺胸，眼神太強勢也不行。
- 柔和地看著對方的雙眼，口頭道歉完以後要深深一鞠躬。

10 sec. 展現誠意博取信賴

情境 **5**

對方請你發表意見，
腦袋卻一片空白

#不希望撒謊 #不希望被看輕 #不妄自菲薄

＼ **10 秒讓你被討厭** ／

 也許沒什麼參考價值啦，
總之我的意見是……

20 字

＼ **10 秒提升好感度** ／

 不好意思，
我很努力思考了，
但一時想不出來，
請給我一點時間。

29 字

✘ 先打預防針，聽起來很沒擔當

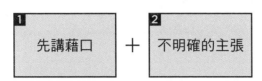

> 也許沒什麼參考價值啦[1]，
> 總之我的意見是……[2]

　　用這種「寧濫勿缺」的心態發言，根本是自討苦吃。請你站在對方的角度來想一下，當你聽到輕率的意見，會作何感想？況且，還沒說出意見就急著打預防針，人家只會認為你這個人沒真材實料。

　　萬一你提出的意見又充滿不確定性，反而會自貶身價。

　　這種說法缺乏修復的效果，而且會給人一種缺乏主見和思考能力的壞印象。

 Good Point

⭕ **老實承認自己力有未逮**

1 慎重道歉	＋	2 承認自己 力有未逮

> 不好意思₁，
> 我很努力思考了，但一時想不出來₂，
> 請給我一點時間。

　　唯有真誠能夠彌補實力不足的缺陷，如果想不出好主意，就照這個方式老實承認就好。**與其不懂裝懂，還不如老實承認自己沒主意，這樣對方會比較有好感。**

　　話雖如此，有經驗的老手若用這種理由開脫，反而會危及自己的信譽，請務必留意。

> **換個說法也行** 感謝您給我發表意見的機會。但很不好意思，我的想法還沒歸納好。

● 用「還沒歸納好」這句話，會給人一種比較良性的印象。這代表你其實有主意，而且不是完全不發表意見。

談話中加入這些肢體動作

道歉時露出靦腆的笑容，會給人正面的印象

- 因為大家都在期待你發表意見，所以最好表達你的歉意，同時面帶靦腆的笑容。
- 為了表達你有認真思考，不妨稍微收起下巴，眉毛下彎成 8 字形，再搭配一句「真的很抱歉」。
- 當你說「我還沒想到好主意」時，頭稍微左右搖晃也沒關係。

10 sec. 表達歉意來提升個人評價

情境 **6** 不小心報出太便宜的價格

#希望彌補過錯　#希望獲得信賴　#謙虛解決問題

＼ 10 秒讓你被討厭 ／

抱歉，
金額好像打錯了，
這才是正確金額。

19 字

＼ 10 秒提升好感度 ／

真的很抱歉，
我不小心算錯價格了，
請容我修正一下。

24 字

✗ 金錢上的糾紛要慎重對待

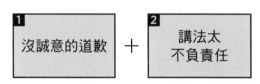

抱歉**1**，
金額好像打錯了，這才是正確金額**2**。

　　用這種講法，好像打錯金額是別人的問題，不是自己的問題一樣。這會給人推諉卸責的不良印象。**再者，單純一句「抱歉」也太沒有誠意了，顯得你這個人沒責任感。**很多人會直接說「金額不小心搞錯了」，這種講法好像犯錯跟自己無關一樣，根本稱不上道歉。

　　不好好承認自己有錯，就不會有修復關係的效果，你會失去信任。

Good Point

○ 坦承自己有錯，並說明原因

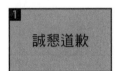

＋

> 真的很抱歉**1**，
> 我不小心算錯價格了**2**，
> 請容我修正一下。

　　用誠懇的措辭道歉，並且老實承認是自己有錯，這種說法對方比較容易接受。下面那句「請容我修正」，也讓人覺得你有認真處理問題的誠意。再者，老實承認你很慚愧，也可以緩和對方的情緒。萬一對方還是在氣頭上，你就用下面的說法。

　　「**我不小心說出低於行情的價格，害您空歡喜一場，真的非常抱歉。**」

　　現在你提出新的金額，對方必須重新考慮，你要站在對方的立場著想，再多加一句話。

　　「**不好意思給您添麻煩了，可否請您參考一下新的報價呢？**」這種應對方式，能夠提升你的信用。

談話中加入這些肢體動作

承認自己的過失,老實道歉來挽回自己的信譽

- 眉毛稍微彎成 8 字形,表達出你很困擾的樣子。不過,這個表情不能維持太久。
- 當你說出「請容我修正一下金額」,最好直視對方的眼睛。

10 sec. 表達歉意緩和對方的怒氣

情境

7

對方打電話抱怨，
已付款卻收到催繳單

＃希望好好道歉　＃不希望多生事端　＃不希望重蹈覆轍

＼ 10 秒讓你被討厭 ／

 應該不會有這種事吧……
我稍微查一下。

18
字

＼ 10 秒提升好感度 ／

 是我們疏忽了，
真的非常抱歉，
我們馬上查明原因。

23
字

✖ 否認事實只會導致狀況惡化

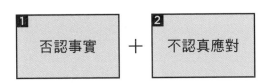

應該不會有這種事吧……**1**
我稍微**2**查一下。

　　當你說出「應該不會有這種事」，等於間接指責有錯的是對方。這種說法會嚴重傷害對方的自尊心，搞不好對方會在電話中破口大罵，痛批你太過傲慢。

　　再者，我方出了大包，結果你卻說「我稍微查一下」，這種說法也輕忽了事情的嚴重性。根據表達心理學的論述，這又稱為「矛盾心理（ambivalent）」。意思是一開始想要表達事態嚴重，卻在無意間當成小失誤來處理。互為矛盾的形容方式夾雜在一起，對方也不知道該不該信任你，所以千萬不要用這種說法。

 Good Point

◯ 說出你的應對方式，展現你的誠意

慎重道歉

＋

緊急處理

是我們疏忽了，真的非常抱歉**1**，
我們馬上查明原因**2**。

　　道歉絕對是首要之務。另外，下一句「我們馬上查明原因」，意思是你會查明自家公司犯錯的原因，給人一種誠懇認錯的好印象。如此一來，對方會覺得你們可能只是忙中有錯，基本上還是一家好公司。當然，詳細調查過後，說不定你發現這一切都是對方誤會了。**但一開始先說自己有錯，比較容易緩和對方的怒氣。**

換個
說法也行

真的非常抱歉。我立刻查明原因，查明後我該用電話還是電子郵件聯絡呢？

* 轉移對方的注意力，讓對方思考該用電話還是電子郵件接收結果，這麼做有緩和對方情緒的效果。
* 盡快提出處置的辦法，對方比較願意息事寧人。

談話中加入這些肢體動作

講電話的姿勢和行為，會改變你說話的印象

真的非常抱歉。

講完話同時
對電話點頭致意

點頭致意

- 道歉的話一說出口，就對著電話點頭致意，這種恭敬的態度
  會表達在口氣上。

- 不做出恭敬的姿勢，光靠一張嘴巴道歉，音調會變得很呆板，
  聲音也會缺乏內斂的深度和廣度，對方一聽就知道你口是心
  非。姿勢會影響到音調，這一點請務必留意。

第 **3** 章

說出難以啟齒內容的
委婉溝通法

10 秒內婉轉表達難處，
讓對方願意傾聽

　　日本人不擅長拒絕別人，這種民族性是世界有名的。日本人過去是農耕民族，而且重視團體主義，習慣附和別人的意見，不敢說出自己的看法，以免傷害彼此的感情。

　　不過，有些事情就算難以啟齒，也還是應該說出來請對方配合才對。相信這也是大多數人的期望。

　　因此本章的重點在於，如何表達我方的主張，改變對方的行為或想法，同時不傷害他們的感情[*]。

　　每個人都認為自己是對的，沒有人想改變自己的態度。當你要求對方改變，其實很難在 10 秒內徹底改變對方。

　　可是，區區 10 秒足以使對方願意傾聽。趕快來嘗試一下吧！

---

[*] 這在表達心理學裡，稱為態度改變（attitude change）

本章的 5 大準則

1 想清楚什麼時候應該拒絕

請你先想像一下，當你表明拒絕之意時，對方是否會不開心？如果對方氣度比較狹小，那就不要用否定的表達方式。

2 全面肯定→轉變為部分肯定

先肯定對方的意見，只否定一部分的內容，這樣對方比較願意接受你的主張。

3 不要被憤怒或焦躁沖昏頭

即使你不喜歡對方，也不能做出情緒化的反應。情緒化的表達方式，無法讓對方了解你真正的意思。請保持理性好好溝通。

4 給對方一個台階下

你要給對方一個有利的台階下，對方才不會覺得自己吃虧上當。

5 真的沒辦法，就拉第三者救援

萬一情況難以收拾，就搬出第三者的話題，轉移對方的注意力。

10 sec.　表達自己的主張，又不傷害自己的評價

情境 **1**

正要下班，主管卻臨時交辦重要工作

＃希望拒絕上司　＃希望早點回家　＃希望不失信賴

＼ 10 秒讓你被討厭 ／

不好意思，我沒辦法。
今天已經下班了，
我沒時間。

23
字

＼ 10 秒提升好感度 ／

○
這件工作確實很重要，
我也很想馬上處理。
但是我今天不太舒服，
明天再處理好嗎？

37
字

Bad Point

✗ 直接斷定你做不到，會給人不好的印象

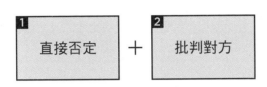

不好意思，<u>我沒辦法**1**</u>。
<u>今天已經下班了，我沒時間**2**</u>。

你想準時下班，這本身沒有不對，還願意加一句「不好
意思」也很了不起。不過，上司也知道這是下班時間，所以
這句話聽在上司心裡，可能會覺得你在找藉口推託。況且，
用斷定的口氣說出「我做不到」，這是錯誤的一步。

這種說法等於是雙重否定，你應該遵照第 2 條準則，把
全部肯定改為部分否定。

說不定上司找你，也只是希望你盡量幫個忙，並沒有真
的非你不可。然而，你用如此強烈的措辭否定，會在上司心
中留下壞印象。

 Good Point

◯ 肯定對方的提案，提供一部分的修正

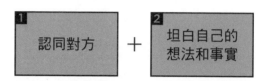

> 這件工作確實很重要**1**，
> 我也很想馬上處理。可是我今天不太舒服，
> 明天再處理好嗎**2**？

你理解上司交辦的是重要工作，這屬於「全部肯定」，是正確的做法。至於反問上司能否明天再處理，這是「部分修正」，也同樣是正確的做法。

說不定上司會注意到你累了，或者發現已經下班了。如此一來，上司就會答應你的要求等到明天再處理就好。

好的上司聽到這種話，也會明白在下班時交代工作並不厚道。

使用這種說法，就算你拒絕上司的提議，也可以保持對方的期待感，進而提升自己的評價。

談話中加入這些肢體動作

用眼神和語氣表達你的熱忱，同時露出疲態，婉轉地拒絕
上司

- 看著對方的眼睛，以清晰明快的口吻，說出你對這件工作的
  重視。
- 接著停頓一下，嘴巴稍微收窄，做出臉頰內凹的感覺，顯得
  你已經很累了。

 順利度過尷尬的場面

| 情境 **2** | # 不小心遇到討人厭的
優秀同事 |

\# 好尷尬　\# 不希望跟對方扯上關係　\# 不希望撕破臉

＼ 10 秒讓你被討厭 ／

✕ （露出很開朗的笑容）
早安啊，
你最近做得有聲有色呢！

15
字

＼ 10 秒提升好感度 ／

◯ 早安啊，
聽說你最近被上司誇獎了，
我也要向你學習才對！

 26
字

Bad Point

✖ 過頭的演技只會有反效果

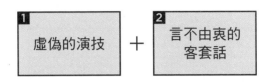

（露出很開朗的笑容）
早安啊❶，
你最近做得有聲有色呢❷！

　　當你強顏歡笑，甚至說出言不由衷的客套話，會給人很
虛偽的印象。當你越想隱瞞厭惡或懊惱的心情，就越容易表
達出誇張的言行，對方反而會看透你的心思。

　　其實我們的言行多少都有一些演技的成分。不過，這牽
涉到程度的問題，同樣是笑，有發自內心的「歡笑」，也有
「禮貌性的微笑」。所謂「禮貌性的微笑」，就是你在某個
情況下不得不微笑以對。請稍微牽動臉頰的肌肉，露出一絲
微笑就好，不要超過「微表情（Microexpression）」的程
度。明明就不開心還強顏歡笑，這超出了普通的自我呈現，
屬於「欺騙性的表達」，請特別留意。簡單說，這種言行只
會給人「虛偽」的印象。

Good Point

◯ 以事實為依據，以自我為主體

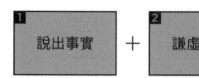

| 1 說出事實 | ＋ | 2 謙虛以對 |

> 早安啊，
> 聽說你最近被上司褒獎了呢**1**，
> 我也要向你看齊才是**2**。

　　老實說出對方最近受到褒獎的事實，因為確實發生過，也不算違心之言。再來，**說出你也受到了激勵，這種以自己為主體的說法，可以減輕你的心理負擔。**當你不太喜歡某個人的時候，通常對方也不太喜歡你。**大家只知道好意有回報性，殊不知負面的感情也有回報性。**既然雙方互有芥蒂，也不需要勉強交流，保持適當的距離感才不會造成壓力。

回報性原理

　　這是人類的天性，別人怎麼對待我們，我們也會以同樣的方式回敬。這種「禮尚往來」的情緒，就稱為「回報性原理」。

　　不只善意的感情適用這種原理，反感或厭惡的情緒也一體適用。當你討厭一個人，就會自然表達出負面的情緒，對方也很有可能討厭你。

談話中加入這些肢體動作

不必強顏歡笑，放鬆眼角和嘴邊的肌肉就好

- 露出開朗的笑容稱讚討厭的對象，這違反了人類的天性。所以，臉部的上、中、下三個部分，會表達出不一樣的訊息。

- 比方說，你可能嘴巴笑得很開，但眼神完全沒有笑意。

- 放鬆眼角和嘴角，誠心表達你的祝福就好。

10 sec. 調整自己的心態，表達祝福之意

情境 **3** ## 對手向你炫耀他的成功經驗

#希望隱藏忌妒之情　#不希望說出冷嘲熱諷

＼ 10 秒讓你被討厭 ／

太好了！
真是了不起呢，
我也替你感到高興。

20 字

＼ 10 秒提升好感度 ／

你能有這種成就，
我真羨慕你！

14 字

Bad Point

✗ 不要說出違心之言比較好

太好了**1**！
真是了不起呢**2**，
我也替你感到高興**3**。

過於誇大的讚賞反而顯得不自然，**真實情感和語言的落差太大，表情和語氣會很僵硬**。

再者，說出「我也替你感到高興」是違心之言，撒這種謊也很危險。當你說出虛偽的話，可能會在無意間轉移視線，對方一看就知道你在說假話。

Good Point

⭕ 夾雜真心話稱讚對方

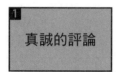
1 真誠的評論 **+** **2** 真誠的感情

> 你能有這種成就**1**，
> 我真羨慕你**2**！

　　看到競爭對手功成名就，想必你內心五味雜陳。要徹底壓抑那些情緒，你的言行舉止會變得很不自然，搞不好會透露出你不想被人知道的真心話。遇到這種情況，**稍微說出一些自己的心聲**。「羨慕」應該也是其中一部分，你可以很自然地說出口。至少你表達的是羨慕，而不是心有不甘的懊悔。真心話和缺點有一樣的特性，與其刻意隱瞞，不如展現一小部分的真相，反而比較不會這麼明顯。

> **換個
> 說法也行** 那真是太好了。

- 有些人死都不願意稱讚競爭對手，用這樣一句簡短的話就夠了。
- 因為是隨口帶過，不會受到情緒化的影響，能夠順利度過尷尬的困境。

談話中加入這些肢體動作

笑容和眼神有落差，會給人不自然的感覺

- 當你有忌妒的情緒，臉部肌肉會變僵硬，上半部的臉部肌肉和下半部的臉部肌肉動作也會有落差。
- 說不定你會做出一些很奇怪的表情，例如嘴巴在笑，眼神卻冷冰冰的。

 調適好自己的情緒，給人成熟穩重的感覺

情境 **4**

你想要的職務被人搶走了

#不希望真心話露餡 #希望給人積極正面的形象
#希望有下一次機會

＼ 10 秒讓你被討厭 ／

 這樣啊……
我認為自己可以做得比他好……

19 字

＼ 10 秒提升好感度 ／

 看來是我能力還不夠。
雖然結果令人遺憾，
我會再接再厲。

26 字

94

✖ 否定事實只會拉低自己的評價

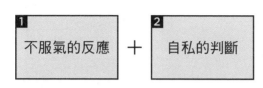

> 這樣啊……**1**
> 我認為自己可以做得比他好……**2**

就算你對結果不滿意，也絕對不要直接表達你的不滿。
人家只會認為你是心有不甘，背地裡還會嘲笑你。

更何況，**評價公不公正是旁人決定的**，你身為被評鑑的
當事人，其實沒資格說三道四。請先虛心接受別人給你的評
價，這一點非常重要。

 Good Point

⭕ 承認自己的實力不足，採取進一步行動

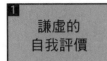 謙虛的
自我評價

＋

 宣誓改善

看來是我能力還不夠**1**。
雖然結果令人遺憾，
我會再接再厲**2**。

　　虛心接納結果，**沒有逃避自己能力不足的事實**，這種態度會給人清新誠懇的好印象。當你用充滿朝氣的口吻，宣誓未來再接再厲，這種積極正面的言詞，也會轉化你的心境。

 感謝各位的支持鼓勵，雖然結果不盡人意，我未來會繼續努力精進。

● 如果旁人對你有高度的期待，你一開始應該先表達感謝之意才對。

談話中加入這些肢體動作

放下你的不滿，用開朗的表情展現你的熱忱

- 當你鼓起臉頰埋怨，對方會感受到你的不滿。
- 當你說出「是我實力不夠，未來我會再接再厲」時，要看著對方的眼睛，進行眼神接觸才行。

10 sec. 調適好自己的情緒，度過當下的難關

情境 **5** ｜ # 上司一直重提當年勇

#不希望表達出厭倦的態度　#希望婉轉勸戒上司

＼ 10 秒讓你被討厭 ／

 呃……部長，
這件事你以前說過了吧，
我沒記錯的話……

25 字

＼ 10 秒提升好感度 ／

 這個故事我現在聽有更深的體悟，
每次聽都能學到新的東西呢！

28 字

Bad Point

✖ 用負面的態度說出事實，聽起來就像在抱怨

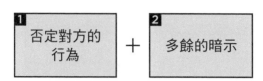

> 呃……部長，
> 這件事你以前說過了吧**1**，
> 我沒記錯的話……**2**

　　你可能認為自己只是稍微點出「事實」，但這種嘀嘀咕咕的說話方式，**會向對方傳達「因為你，我感到困惑」的感覺**。上司聽到這種話一定會很不滿，情緒也會受到影響。前面準則 2 有提到，當你要否定某件事情時，首先要全面肯定，然後再提出部分否定。

　　另外，這句話講得扭扭捏捏，聽起來很像在責備對方。也許對方舊事重提是為你好，但是你的言詞會破壞你的個人形象。

 Good Point

⭕ 說出事實，同時換成正面的說法

 說出事實

＋

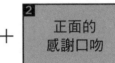 正面的
感謝口吻

這個故事我現在聽有更深的體悟**1**，
每次聽都能學到新的東西呢**2**。

　　這種說法等於婉轉告訴對方「你的話我聽過很多次
了」，同時又不會否定對方，這是最高明的 10 秒溝通術。
上司經過你的提醒，說不定會抓抓腦袋道歉，而且又不失愉
快的心情。如果你能做出這種機靈的反應，上司一定會更加
厚愛你。

換個
說法也行　原來是這樣啊，部長過去吃得了苦，才能有今日
的成就，這故事真勵志！

- 不點破對方重提當年勇的事實，只說出善意的感想。
- 表達出興奮的眼神和神采飛揚的表情，同時微笑說出這句
  話就更完美了。
- 不過，你要做好心理準備，對方以後會繼續重提當年勇。
- 如果對方是你的同事或好友，你可以笑著說，**你願意聽他
  談起人生中最輝煌的經歷，聽幾次都行**。這種說法不會引
  起爭執。

談話中加入這些肢體動作

表情要充滿敬意，盡可能用不傷人的方式傳達事實

- 手掌向下，位置放在胸口下面，表達出你有更深刻的體悟。
- 當你說「每次聽都能學到新的東西」，眼神要興奮一點。你要直視對方的眼睛，說出這句讚美的言詞。

順利自保又不失信賴

情境
6

當你聽不懂對方說的術語

#不希望不懂裝懂　#不希望失去信賴

＼ **10 秒讓你被討厭** ／

啊啊！你說那玩意喔，
我們常做啊！

16
字

＼ **10 秒提升好感度** ／

你講的術語我第一次聽到，
請問是什麼意思？

20
字

✖ 說謊可能會造成無法挽回的後果……

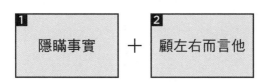

1　隱瞞事實　＋　2　顧左右而言他

啊……你說那的玩意喔1，
我們常做啊2。

　　如果你不懂還裝懂，接下來的對話一定會忐忑不安。偏偏有些人又不好意思問清楚，結果說謊害到自己……

　　當話題牽涉到你不知道的術語，**你的表達方式就會受到「一致性原則」的影響**。所以，假如你不知道那個術語，還講得好像你很懂一樣，之後雙方繼續聊那個話題，你就會擔心穿幫露餡。**遇到不知道的事情，千萬不要裝懂，直接說出你不知道比較輕鬆。**

　　否則，你會受到「一致性原則」的擺布，用更多謊言來圓之前的謊言，最後導致啼笑皆非的慘況。

Good Point

⭕ 誠懇求教，給對方面子

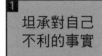
坦承對自己
不利的事實

＋

誠懇求教

你講的術語我第一次聽到**1**，
請問是什麼意思**2**？

不要打腫臉充胖子，有不知道的事情馬上提問，之後的
對話才不會有障礙。當你誠懇向對方請教，對方也會樂於指
點你。

聽完對方的說明，如果你的疑惑解決了，記得表達感
謝。「其實我一直很好奇這個術語的意思，**多虧你的說明我
才了解，謝謝。**」這種誠懇的態度也會帶來好印象。

不要以為無知是可恥丟臉的事情，這是錯誤的成見，只
會害你失去成長的機會。資歷尚淺的年輕人更不需要隱瞞自
己的無知。

不要怕丟臉,以柔和的表情坦承自己不知道

- 遇到不懂的話題不要怕丟臉,看著對方的眼睛據實以告。
- 直盯著對方瞳孔,會給人充滿攻擊性的印象,所以眼神要柔和一點。
- 在請教對方的時候,脖子稍微往旁邊偏一下,這種求教的動作會比正面詢問要好。

第 **4** 章

令人印象深刻的
自我推銷法

10秒內傳達自己的價值，
深植對方心中

各位跟同事或好友對話，應該都經歷過下面的情境。

「之前的懇親會，A公司的山田有來嗎？」
「山田？誰啊，我不認識這個人。」

想必那個叫山田的人，在大家心目中沒什麼印象吧。那樣的人就算自我介紹，別人也記不住他的名字，雙方更不可能有談成生意的機會。

那麼，我們來看另一個例子。

「你說山田？啊……他有來啊。他跟平常一樣都在講台附近，很積極交換名片，跟大家也是有說有笑呢。」

不難想像，這一個山田很擅長在別人心中留下深刻的印象。對陌生人自我介紹，對方也會記住他的長相和名字，日後也會提供他合作的機會。

不管是交涉、開會，還是認識新的對象，你都要盡可能在別人心中留下深刻的印象。而且要在「10秒內」達成這個目標。

因此，**平常你要深入了解自己的人格特質**。比方說，你有開朗的一面、可靠的一面、溫柔的一面、誠懇的一面、認真的一面、充滿朝氣的一面。你要對自己的正面特質有所自覺，並且練習在短時間內表達出來。除此之外，以下還有一些製造深刻印象的準則。

本章的 5 大準則

1 事先設定好自己的正面形象

事先思考你想傳遞什麼樣的正面形象，例如開朗、誠懇、友善、愉快、可靠等等。

2 想方設法攀親帶故

積極提供彼此的共通點，建立良好的關係。比如：

「哎呀！你好，靜岡的茶真好喝呢。」（去靜岡談生意，先聊這個。）

「今天慶應大學比賽獲勝了呢，恭喜。」（拜訪合作夥伴的公司，發現對方是慶應大學畢業的。）

3 多花點心思，讓對方記住你的名字

「我是言出必行的田中甲，請多指教。」（我的學生真的有人這樣自我介紹。）

4 講到深奧的關鍵詞彙時，要花點心思強調一下

在說出關鍵詞彙之前，稍微停頓一下，再用簡單易懂的方式解釋給大家聽。

「重點只有一個，就是相輔相成的效果。換句話說，要把這兩大要素結合起來，發揮兩倍以上的功效。」

5 重申關鍵的詞彙

重複提起關鍵詞彙，暗示對方這是不可輕忽的要素。

10 sec. 展現你的謙遜

情境 **1**

到新單位自我介紹

#希望獲得青睞　#希望推銷自己　#不希望惹人嫌

＼ **10 秒讓你被討厭** ／

 我是從總公司來的山田。
對全國的市場有一定的了解，
可以為分店提供宏觀的視野，
請多多指教。

43字

＼ **10 秒提升好感度** ／

 我是山田，進公司第 5 年了。
對本地和相關業務也還有
不熟悉的地方，
還請大家多多指教。

40字

Bad Point

✗ 小心不要「狗眼看人低」

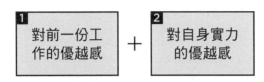

> 我是從總公司來的山田**1**。
> 對全國的市場有一定的了解,
> 可以帶給分店宏觀的視野**2**。
> 請大家多多指教。

　　有些人聽到這種話,可能會覺得你是有拚勁的年輕人。不過,有些老鳥聽到你這樣講,會懷疑你是否有足夠的經驗,否則怎麼敢說自己懂全國市場?**剛到新單位不要誇下海口,也不要用比較的方式,來突顯總公司和分店的差異,這些說法都不恰當。這違反了第 1 條準則「事先設定好自己的正面形象」。**

　　也許你自己沒自覺,但聽的人會認為你高高在上。因此,最好不要用這種比較性的說話方式。

⭕ 告知你的經歷，同時不失謙遜

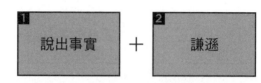

| **1** 說出事實 | ＋ | **2** 謙遜 |

> 我是山田，進公司第5年了 **1**。
> 對本地和相關業務也還有不熟悉的地方，
> 還請大家多多指教 **2**。

這種說法不會惹人厭，而且對方一聽，大概就知道你有一定的程度。你有問題對方也比較願意指導你。

這種說法不只談到工作，甚至還談到了任職的地區。之後可以引申出更多的話題，利用第 2 條攀親帶故的準則，建立良好的關係。

> 我是總公司法務部的山田，這個單位我是第一次接觸，一定會努力做出貢獻，還請大家不吝指教。

- 「請大家指導」略嫌死板，這種說法比較自然誠懇，對方也更容易接受。不過，說這句話的時候音量不要太大。

談話中加入這些肢體動作

太嚴肅的表情會給人高高在上的感覺，造成反效果

- 語氣不要太誇張強硬，也不要一臉亢奮、志得意滿的模樣。
- 當你說出「我對本地和相關業務也還有不熟悉的地方」時，
  要依序看著周遭每一個人的眼睛，然後再說出「還請大家多
  多指導」，順便鞠躬致意。

突顯自己的存在感

情境
2

私下遇到想要合作的客戶

#希望獲得青睞 #希望留下深刻的印象 #希望簽下這位客戶
#希望未來有機會合作

＼ 10 秒讓你被討厭 ／

啊！伊藤先生，好巧喔。
你家住這附近啊？
我是 A 公司的山田，
之前我們有談到簽約的事情……

42字

＼ 10 秒提升好感度 ／

伊藤先生，
想不到會在這裡遇到你，
我是 A 公司的田中，
您還記得嗎？

31字

✗ 私下偶遇不要馬上談公事，只會有反效果

當你說出「好巧」這句話，代表你們真的是偶然相遇。既然都說是偶遇，你還提起其他的話題，對方當然知道你想談公事。因此，不要點出太明確的話題，也不要直接約對方改天詳談，**稍微在對方心中留下一點印象，對話也不要太深入，這樣反而比較有效。**

私底下碰面的時候，你必須用第 2 條「攀親帶故」準則，來展現彼此的共通點，否則無法拉近雙方的距離。

 Good Point

⃝ 表達你的喜悅，試探彼此的關係

1 表達你的喜悅	+	**2** 自報姓名	+	**3** 攀親帶故

> 伊藤先生，
> 想不到會在這裡遇到你，真是我的榮幸**1**。
> 我是A公司的田中**2**，您還記得嗎**3**？

　　假設你已經做出了精心安排，讓對方記住你的姓名和所屬單位，接下來你還需要巧妙的應對進退，對方才會留下深刻的印象。好比這個例子，**當你表達出偶然相遇的喜悅，這一次「偶遇」也會在對方心中留下深刻的印象。**

　　尤其你問對方記不記得你，這是在試探彼此的關係。對方會思考你和他的交情，對你的印象也會更強烈。這符合「攀親帶故」準則，有助於建立雙方的關係。

> **換個說法也行** 伊藤先生，其實我一直想見你一面，很高興今天見到了，敝姓田中。

- 這純粹是表達自己的喜悅，不會帶給對方壓力。
- 如果只是在走廊偶遇，這種說法比較恰當。

談話中加入這些肢體動作

盡量展現你的喜悅,縮短雙方的距離

- 張大你的眼睛,表達出你很意外的模樣。
- 不要馬上切入公事,否則偶然相遇的喜悅感會蕩然無存。
- 稍微睜大眼睛露出微笑,是最恰當的做法。

在安靜的場合留下深刻的印象

情境
3

會議氣氛沉重，議程毫無進展

#希望改變氣氛　#不希望發言太尷尬　#不希望引人側目

＼ 10 秒讓你被討厭 ／

現在會議毫無進展呢……
大家也很困擾吧？
我有一個還不錯的點子，
要參考看看嗎？

37
字

＼ 10 秒提升好感度 ／

呃……我剛好有一個主意，
希望各位可以聽看看。

22
字

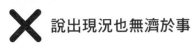

✖ 說出現況也無濟於事

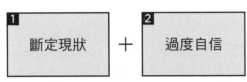

　　會議毫無進展，這是大家都很在意的事情，不是只有你一個人關心。所以，你沒必要特地說出來。而且，你說自己有一個還不錯的點子，萬一內容不怎麼樣，反而會在大家心目中留下壞印象。

　　簡報技巧中，有一種「低飛球策略」的手法。也就是先降低困難度，讓大家更容易接受你的意見。**當你說自己有一個還不錯的點子，這是在提升困難度，因為對方的期待值會拉高，你很難超越對方的期待。**

 Good Point

⭕ 慎選言詞，讓對方聆聽你的建議

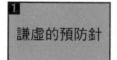
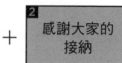

> 呃……我剛好有一個主意❶，
> 希望各位可以聽看看❷。

　　改用這種說法，等於事先打了「一劑」預防針，說明你只是剛好有想到一個主意。就算其他人都不認同，你也有退路可走。

　　再來「希望各位可以聽看看」，這是一種正向的心態，其他人也無從反對。

> 換個說法也行　呃……我有一個意見也許沒那麼好，各位願意聽看看嗎？

- 把選擇的權利交給對方，如果議長同意你開口，你就能名正言順發表意見。
- 如果當下的情況不適合發表意見，議長自然會請你稍安勿躁，這種說法你自己也比較能接受。

用微笑緩和緊張的氣氛，降低開口的難度

- 不要表達出志得意滿的模樣，記得面帶微笑，大家才不會太
  嚴肅看待這件事。
- 嘴角輕揚，誠懇地說出「我正好想到一個主意」。

10 sec. 在對方心目中留下深刻的印象

情境
4

開發新客戶的說話技巧

#希望留下好印象 #希望有合作的機會
#希望對方記住自己的名字

＼ 10 秒讓你被討厭 ／

鈴木部長，
我姓山田，初次見面請多指教。
這一次我是來介紹本公司的
優質產品。

36
字

＼ **10 秒提升好感度** ／

初次見面請多指教，敝姓山田。
其實，我們一直很關心
貴公司的業務內容，
可否耽擱您 10 分鐘呢？

43
字

✕ 空洞的問候只會有反效果

> 鈴木部長**1**，我姓山田**2**，
>
> 初次見面請多指教。
>
> 這一次我是來介紹本公司的優質產品**3**。

你的商品優質是對方決定的，所以在說明新商品的時候，最好先問一下對方願意給你多少時間介紹。

初次拜訪新客戶，推銷商品當然是你最關心的事情，但對方只是剛好抽一點時間聽你介紹罷了。

你的商品優質與否、重要與否，決定權在對方手上。當你說「我是來介紹本公司的優質產品」，對方可能會認為你自賣自誇，這違反了本章的第 1 條準則「設定良好的印象」。

○ 提出明確的時間，爭取對談的機會

1 自報姓名	+	2 表示你的尊重	+	3 提出明確時間，請對方撥冗詳談

> 初次見面請多指教，敝姓山田**1**。
> 其實，我們一直很關心貴公司的業務內容**2**，
> 可否耽擱您10分鐘呢**3**？

　　提出一個明確的時間，請對方撥冗對談，這樣對方比較願意接納你的提議。尤其你一開始表達出尊重，對方也稍微打開了心房，你接下來的提案更容易說服對方。

> 初次見面請多指教，敝姓山田，是田中先生介紹我來的。可否耽擱您10分鐘，向您說明一下我們公司的新產品呢？

- 提起可信的推薦人，能夠增加你的說服力。
- 對方考慮到推薦人的面子，也不會拒人於千里之外。

以明快的表情和動作，表達你的尊重

- 臉上的肌肉盡量向外擴，眼睛張大。讓對方知道，你很佩服他的公司業務蒸蒸日上。
- 雙臂稍微張開，好像在環抱空氣一樣的動作，更容易展現出你的敬意。

10 sec. 在對方心目中留下深刻的印象

情境 **5** | 面試時問候對方，
同時自我介紹

#希望博得好感　#希望給人優秀的印象

＼ 10 秒讓你被討厭 ／

您好，敝姓田中。
過去 10 年主要從事業務和
銷售工作，相信這樣的資歷
一定能做出極大的貢獻。

42
字

＼ 10 秒提升好感度 ／

感謝您提供面試的機會。
如果我有什麼不足之處，
一定會努力學習。

30
字

自我介紹時不要自賣自誇

1 自報姓名	+	**2** 說出過去 的資歷	+	**3** 自以為能 做出貢獻

您好，敝姓田中**1**。
過去10年主要從事業務和銷售工作**2**，
相信這樣的資歷一定能做出極大的貢獻**3**。

　　你的資歷對公司有沒有貢獻，這是對方決定的。況且，「資歷」這種字眼，會給人一種自以為社會菁英的感覺。第一次面試最好不要用這種說法，否則對方會覺得你自視甚高，間接傷害到你的形象，這也違反了第 1 條準則。

　　再者，你說出自己過去從事的工作，認定自己的資歷一定能做出貢獻。事實上，能不能做出貢獻也是對方決定的，不該由你自己講。

Good Point

◯ 自我介紹要引起對方提問的興趣

| 1 感謝對方提供面試的機會 | + | 2 說出你未來的企圖心 |

感謝您提供面試的機會**1**。
如果我有什麼不足之處，
一定會努力學習**2**。

　　用這種方式自我介紹，面試官若有疑問，會很自然地提出來問你。你只要好好回答，面試氣氛就會很熱絡。

　　自我介紹要引起對方的興趣，同時彰顯你的優點。

換個
說法也行　　感謝您提供面試的機會。其實我10多年來一直對貴公司很感興趣，今天有緣見到實在太榮幸了。

- 這種說法相當尊重對方。
- 「10 多年來一直對貴公司很感興趣」，像這樣說出具體的時間，很有說服力。

128

談話中加入這些肢體動作

小心，太嚴肅的表情會給人「傲慢」的感覺

NG　　　　　OK

我一定會做出貢獻

不錯喔

我會積極學習

- 不要抬高下巴或鼻孔噴氣，這會給人一種「傲慢」和「囂張」的印象。
- 介紹自己的年資和經歷時，口吻要輕鬆詼諧，溫和注視對方的眼睛，咬字要清晰，表情也不要太誇張。這樣對方才會有好印象。

10 sec. 帶給對方好印象，醞釀對談的氣氛

| 情境 **6** | **參加同學會遇到很久沒見的朋友** |

#希望表達重逢的喜悅　#希望了解對方的狀況
#希望給人好印象

＼ **10 秒讓你被討厭** ／

 唷！好久不見啊，
你是不是比以前瘦啊？

18 字

＼ **10 秒提升好感度** ／

 山田，好久不見了呢。
看你氣色不錯真是太好了，
最近過得如何啊？

30 字

Bad Point

✕ 不要談論對方的外貌

> 唷!好久不見啊**1**,
> 你是不是比以前瘦啊**2**?

有些人變瘦可能是剛好生病,或是健康上出了什麼問題,所以講這種話是在戳人痛處,對方聽了也許會不高興。

就算你跟對方很要好,碰面第一句也不要談論外貌,好比對方變瘦、變胖、變老等等。請你自己想像一下,你希望在老朋友心目中留下什麼好形象。

⭕ 用開放式提問打開話匣子

1 打招呼要
放感情

＋

2 關懷對方

> 山田，好久不見了呢。
> 看你氣色不錯真是太好了**1**，
> 最近過得如何啊**2**？

　　提問大致上分兩種類型，一種是開放式提問，另一種是侷限式提問。所謂的侷限式提問顧名思義，是指答覆方式很有限的問題，至於開放式提問可以讓對方自由回答。**這裡用的是開放式提問，對方只要說自己想說的就好，心態上也比較輕鬆。對方也會關心你過得如何，對話可以自然而然地持續下去。**

> **換個
> 說法也行**
> 好久不見了，有機會見到你我很開心，說說你的
> 近況吧。

- 記得保持笑容，傳達久別重逢的喜悅。
- 對方看到你的笑容，也會笑著說好久不見，並且談起自己的近況。

笑的時候眼角擠出皺紋，看起來會更親切

- 當你慶幸對方氣色不錯的同時，要表達開心的表情。最好眼角擠出兩三道皺紋，也就是俗稱的「魚尾紋」。
- 先關心對方，再問對方工作方面順不順遂。如果你們關係夠親密，你在說這話的時候不妨稍微抬起手，高度放在對方的手腕或手肘一帶，可以表達親密之情。
- 真的很親密的話，拍拍對方的肩膀，或是握握手也沒問題。

在正式場合給人好印象

情境 **7** | # 受邀婚宴上台致詞

#希望帶動會場氣氛　#希望表達祝福　#希望給人好印象

＼ **10 秒讓你被討厭** ／

 像我這樣才疏學淺的年輕人，
有幸來到台上表達祝賀，
實在不勝惶恐。

31
字

＼ **10 秒提升好感度** ／

 恭喜這一對新人，
很榮幸有這個機會，
在這麼開心的婚宴上祝詞。

29
字

✖ 不要用老掉牙的客套話

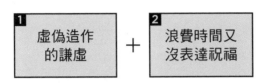

> 像我這樣才疏學淺的年輕人**1**，
> 有幸來到台上表達祝賀，
> 實在不勝惶恐**2**。

這是很常見的客套話，用這種老掉牙的句子浪費 10 秒太可惜了。你是不是年輕人，大家一看就知道了，來到台上祝賀也是一看就知道的事情。**把時間用在大家已經知道的事情上，這是最愚蠢的作法**，也沒法跟會場的人建立聯繫。這違反了第 2 條準則，也難以在眾人心目中留下好印象。

難得有機會上台祝賀，請務必營造出愉快的氣氛。

Good Point

 表達你的喜悅和感謝之意

| **1** | | **2** |
| 恭賀之詞 | + | 感謝有這個
特別的機會 |

恭喜這一對新人**1**，
很榮幸有這個機會，
在這麼開心的婚宴上祝詞**2**。

　　你在道賀的時候，要笑容滿面地環視全場。如此一來，你誠摯的祝賀之情和感謝之意，即可打動人心。

　　你要善用語氣、表情、動作來表達喜悅之情。

> **換個
說法也行**　祝福這對新人百年好合。我以前是新郎的同學，我來說一些新郎不為人知的優點吧。

- 用這種說法，全場的注意力就會集中在你身上。
- 底下聽眾看得出你在吹捧新郎，也會覺得你是個好人。而新郎有你這麼一位能言善道的好朋友，也會博得眾人的青睞。這有助於提升你和新郎的評價。

136

表情和手勢會帶給人愉快的印象

- 當你說「恭喜這一對新人」，說到最後兩個字的時候，稍微點頭致意一下，再來發表你的演說。
- 你自己也說這是一場開心的宴會，所以臉上的表情要做出很愉快的模樣。
- 也可以加入一些手勢，帶給大家愉快的印象。

10 sec. 修正你給別人的印象

情境 **8**　客戶以為你不擅長
某項技術

#希望解開誤會　#希望給人優秀的印象　#希望有合作機會

＼ 10 秒讓你被討厭 ／

我沒有不擅長啊，
網頁製作我有 3 年多的資歷，
非常熟悉。

26 字

＼ 10 秒提升好感度 ／

不好意思，
可能是我說明不夠充分。
網頁製作我很擅長，
請務必讓我幫忙。

33 字

Bad Point

✖ 強硬的否定等於是在否決對方

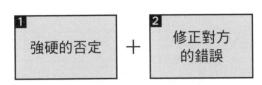

> 我沒有不擅長啊**1**，
> 網頁製作我有3年多的資歷，非常熟悉**2**。

　　的確，你說的是事實。可是，人家不小心搞錯你就急著否定，會給人一種你胸襟狹小的感覺。對方可能會懷疑，你是真懂還是假懂？不然幹嘛急著否定？

　　這種說法不只否定對方，甚至還指正對方的錯誤，從整體的脈絡來看，**這形同跟對方唱反調**。

　　另外，你炫耀自己很熟悉某項技術也不好，這等於是加重否定對方，也間接提升你做事的困難度。

Good Point

⭕ 為自己說明不足道歉，重新修正印象

| 1 道歉並說出事實 | ＋ | 2 溫和提議 |

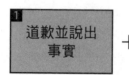 

> 不好意思，可能是我說明不夠充分。
> 網頁製作我很擅長 **1**，
> 請務必讓我幫忙 **2**。

把對方的誤會說成是自己說明不夠充分的說法很高明，也符合「分裂→危機→修正行動→重修舊好」這 4 大要素。

你有先為自己的「說明不足」道歉，對方也會接納你的提議。再者，你說自己很擅長某項技術，希望幫上對方的忙，這是屬於低姿態以退為進的話術。你是要「幫助對方」，對方當然很開心。

另外，你用這種說法會引起對方的**興趣**，對方會想主動知道你過去的資歷。

當然，你也可以直接發表評論，不用特地反駁。以這個例子來說，你可以直接說明網頁製作的方法，提供給對方參考。這樣對方就知道是他誤會你了。

談話中加入這些肢體動作
語氣和表情要柔和，不要過度自賣自誇

- 你要明白可能是自己疏忽了，然後稍微點頭致意。
- 最後，你要抱著「希望幫助對方」的心情，用平靜的口吻結束對話。

10 sec. 突顯你的存在感，提升個人評價

情境 **9**

辛苦想的企劃 卻被說成團隊的功勞

\#希望獲得評價 \#不希望給人狹量的感覺

＼ 10 秒讓你被討厭 ／

 之前的企劃書，
其實是用我的構想寫出來的。

20 字

＼ 10 秒提升好感度 ／

 大家的企劃順利過關，
我也很高興。今後有什麼事情，
請儘管跟我說。

 31 字

不加修飾的炫耀聽起來很幼稚

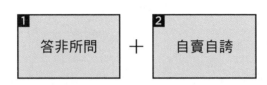

之前的企劃書，
其實是用我的構想寫出來的**1 2**。

　　不甘寂寞的人常講這種話，他們喜歡彰顯自己的存在感，其實大家根本沒興趣知道。每個人都有尋求認同的欲望，但你直接說出來，就會給人一種不甘寂寞的印象。所以，**最好不要炫耀自己的功績**。請遵守準則 1，保持自己良好的形象。

○ 表達你對整個團隊的感激，並暗示自己的貢獻

 ＋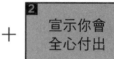

大家的企劃順利過關，我也很高興**1**。
今後有什麼事情，請儘管吩咐**2**。

當你說出「大家」這個字眼，對方就聽得出來，你也是團隊的一員，而且有做出貢獻。接下來，你用充滿自信的語氣，請對方儘管吩咐工作，這代表你是一個有實力的人。對方自然會留意你，記住你的名字。

換個說法也行 ▸ 之前的種種努力獲得讚賞，我實在太高興了，感謝您的稱讚。

- 有一種心理學的技巧叫「先行感謝」。用這種技巧感謝對方，對方會認為你說的是千真萬確的事實，並且特別注意你，對你的說法心懷感激。

- 比方說，你去菜攤買菜，老闆明明沒有降價，你卻先行感謝對方便宜賣你。這就是善用先講先贏的策略。

談話中加入這些肢體動作

拳頭上下擺動，表達你的喜悅之情

大家的企劃順利過關，我也很高興。

太好了！

好耶！

拳頭上下擺動
5到6公分左右

- 當你在表達喜悅之情時，雙手輕輕握拳，拳頭上下擺動 5 到 6 公分。這種動作很適合用來表達喜悅。
- 當你說「有任何工作請儘管吩咐」時，如果聲音太大、太嚴肅，聽起來會很像選舉的口號，這種口語印象太過強烈，所以請多注意。

10 sec. 表達感謝，建立良好的關係

情境 **10** 上司剛好送你
想要的禮物

#希望好好表達喜悅 #希望提升好感度

＼ 10 秒讓你被討厭 ／

 我也沒做什麼貢獻，
收您禮物真是不好意思，
實在承受不起啊！

28 字

＼ 10 秒提升好感度 ／

 感謝您的禮物。
其實我一直很想要這樣東西，
您怎麼知道我想要呢？

30 字

Bad Point

✗ 光是有禮貌不夠，還要表達你的感動

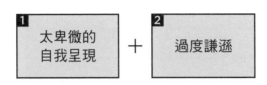

> 我也沒做什麼貢獻，
> 收您禮物真是不好意思**1**，
> 實在承受不起啊**2**。

這種說法正經八百，也顯得很有禮貌。**不過，你好不容易得到自己想要的東西，這種說法無法表達你的感動。**

我們的生活大體上分為喜慶和日常這兩種，大喜之日就應該開心地表達出來。對方也會想看到你燦爛的笑容和歡快的話語。

再者，太謙虛也會產生一種距離感，這違反了第 2 條攀親帶故準則，無法建立起良好的關係。

 Good Point

⭕ 展現你的驚喜，帶動更多的話題

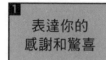 表達你的
感謝和驚喜

＋

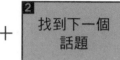 找到下一個
話題

> 感謝您的禮物。
> 其實我一直很想要這樣東西**1**，
> 您怎麼知道我想要呢**2**？

　　說出這句話時，要保持笑盈盈的表情，直視對方的眼睛，然後大聲地說「您怎麼知道我想要這樣東西？」如此一來，對話會更加熱絡，說不定對方會提起他是如何知道你的喜好。倘若你們的關係夠親密，也可以換個說法。

換個
說法也行

（雙手交握）
太好了，謝謝您送我這個。真的可以收下嗎？我好開心喔。

- 你表達得這麼開心，也許對方以後還會送你東西。
- 好意是有回報性的，對方帶給你喜悅，你也帶給對方喜悅，這是良性的循環。

談話中加入這些肢體動作

講話稍微頓一下，可以徹底表達出驚喜的感覺

這幾個字要慢慢講，講得清楚一點

其實啊，

我一直很想要這個呢。

我也很高興！

- 不要用平淡的語氣表達驚喜。要慢慢地說出這句話，講得清楚一點，好好表達你的感謝之意。

- 整句話說完以後，稍微停頓一下，藉此表達你的驚喜。

- 停頓的時間長一點更有效，所以請停頓一到兩秒的時間。講這句話的時候睜大眼睛，掌心向上也很有效果。

第 5 章

體恤他人的
關懷表達法

善用 10 秒打破隔閡，
建立良好關係

以下介紹一則真人真事，是我學生的故事。

他是一位律師，也有自己的律師事務所。後來不幸罹患大腸癌，必須動手術治療。他的律師朋友得知這個消息，就對他說。

「啊……你是去 S 醫院看病喔？我朋友也是去那裡動大腸癌手術，結果不太好耶。」

他聽了朋友的話，只覺得朋友講話太白目，令人大失所望。就算院方真有醫療疏失，這種話也不該對一個即將動手術的病人說。

感同身受講究的是情感，而不是事實。

你要準確理解對方的心情，好好思考你該體諒的重點是什麼，同時想一想你講的話是不是在鼓勵對方。

不管對方的感情是喜怒哀樂的哪一種，你都要善加體諒，給予適當的關懷。那麼，該用什麼樣的話術，才能表達你的感同身受，建立毫無隔閡的良性關係呢？

請看下一頁介紹的各項準則。

本章的 5 大準則

1 你的反應不該牴觸對方的發言

如果你跟對方沒有建立起投契關係[*]，這種牴觸對方的說話方式，只會給人白目不長眼的印象。

2 理解對方的談話重點，並覆述一遍

這樣對方會明白，你有好好聽他說話。

3 包容對方的感情，說出感性的字眼

請試著說出「喜悅」或「悲傷」這一類感性的字眼。對方會認為你有體諒他的心情，對你打開心房。

4 說話前先停頓一下，表情和聲音要帶有感情，言詞也要充滿誠意

善用同情（sympathy）和同理（empathy），來表達你的關懷之意。

5 不要馬上否定對方的想法

如果對方已經心有定見，你這種作法只會惹人厭而已，對方會覺得你講話不負責任。

＊ 能夠互相信賴、互相體諒的關係。

10 **sec.** 表達哀悼之意，體諒對方的悲傷

情境 **1**

上司表達自己喪偶的悲痛之情

#希望表達你的感同身受　#希望鼓勵對方

＼ 10 秒讓你被討厭 ／

太慘了，
快振作起來，
請打起精神！

16 字

＼ 10 秒提升好感度 ／

是這樣啊……
我還無法體會這種感受，
您一定很難過吧……

26 字

Bad Point

 遇到重大事故不要隨便用客套話

1 再次提起悲傷的事實	+	**2** 提出未經審慎思考的對策

> 太慘了**1**，
> 快振作起來，
> 請打起精神**2**！

對一個哀痛的人說這種話，其實並不得體。就算對方理智上明白你是出於好意，心裡也會覺得你在講廢話。遇到這種事情，誰有辦法真的馬上打起精神來呢？

這種話要等到對方消化完難過的情緒，才能拿出來講。你只是一個外人，還是公司裡的一個部屬，不該搶著說這種話。**勉強對方打起精神，反而是在傷害對方。**這違反了前面提到的第 1 條準則。

Good Point

⭘ 稍微說出對方的心聲就好

1 關懷對方	＋	2 體諒深沉的悲哀

是這樣啊……**1**。
我還無法體會這種感受，
您一定很難過吧……**2**

　　在這種情況下，**對方已經訴說了他的哀痛，你就直接把他的感情說出來就好**。自己的情緒得到體諒，對方也會鬆一口氣，你沒必要刻意說些激勵人心的話。

　　再者，遇到這種事情，**切記要用低沉的語氣，慢慢表達你的關懷之意**。就算你是在表達關懷，用太高亢的語氣和流暢的口吻，也只會刺激到對方。這種場面需要謹慎應對，話還是少說為宜。

換個
說法也行　　原來是這樣啊……我不曉得這件事，實在抱歉，您辛苦了。

- 告訴對方你現在才知道這件事，這樣你無法馬上說出得體的慰問，也算情有可原。
- 其實你也沒必要道歉，但稍微表達一下歉意，放低姿態，對方會好受一點。

講話稍微停頓一下，可以充分表達你的關懷和體諒

講話停頓一下，
展現你的感同身受。

原來是這樣啊⋯⋯

- 「原來是這樣啊」這句話說完以後，稍微停頓一下，才能表達你的關懷和體諒。
- 使用這種停頓的方法，你就不用急著說出結論。你只要表達出感同身受的表情，用你的哀戚去撫慰對方的哀傷就好。

10 sec. 關懷對方的悲傷

情境
2

朋友坦承自己罹癌

#希望幫助對方　#希望鼓勵對方　#希望表達你的感同身受

＼ 10 秒讓你被討厭 ／

咦？不會吧！
不過現在癌症的治癒率
有 6 成以上，你一定沒問題的，
加油啊！

34
字

＼ 10 秒提升好感度 ／

罹患癌症一定很難受吧。
如果有我幫得上忙的地方，
儘管跟我說。

29
字

✗ 太理性的說明只會刺激對方的感情

1 驚訝	+	**2** 談論數據	+	**3** 毫無根據 的保證

咦？不會吧**1**！
不過現在癌症的治癒率有6成以上**2**，
你一定沒問題的，加油啊**3**！

　　我對很多患者做過問卷調查，大部分的患者告訴我，當
他們得知自己罹患重病時，根本沒心情去聽那些醫療數據。
**出乎意料的遭遇帶給他們很大的衝擊，這時候你用理性的方
式說明毫無意義。**

　　你可能認為自己講得有理有據，畢竟現在確實癌症的治
癒率有 6 成以上。可是，對方的心情還沒平復，根本不認為
這個數據有什麼意義。你既沒有說服力，也難以安慰對方。

　　這形同牴觸對方的情感，違反了本章的第 1 條準則。

 Good Point

⭕ 表達你的援助之意來關懷對方

1 關懷對方的情感	+	2 提供援助

> 罹患癌症一定很難受吧**1**。
> 如果有我幫得上忙的地方，
> 儘管跟我說**2**。

　　對方已經受了很大的刺激，**你要先說一些對方聽得進去的話，來表達你的關懷，這才是關鍵所在**。有些人一開始話說得很滿，還保證要成為對方的依靠。雖然他們只是出於好意想要鼓勵對方，但對方可能會覺得你好心幫倒忙。

　　你應該說「如果有我幫得上忙的地方，儘管吩咐」。換句話說，對方需不需要你幫忙，你要留給對方決定。這種鼓勵方式才能真正打動人心。

> 換個
> 說法也行　　原來是這樣，實在讓人太難過了。願意再多談一談嗎？

- 如果你們是好朋友，也許對方會需要一個傾訴的對象，你可以進一步關心一下。
- 如果對方不希望你過度介入，你也不要堅持。只要告訴對方，你隨時都願意聽他傾訴就好。

談話中加入這些肢體動作

用8字眉表達你深沉的悲傷

慢慢說出
這句話

你一定很
不好受吧。

八字眉

- 當你關懷對方的時候，兩邊的眉毛要往下垂，表達出很難過的樣子。
- 做出八字眉以後，用緩慢的語氣表達關懷。尤其在說出你願意提供協助時，要盯著對方的眼睛，來證明你真的想幫忙。

 平息對方的負面情緒

情境
3 | # 跟心情不好的上司說話

#希望順利解決問題　#不希望踩到地雷
#希望上司重拾好心情

＼ 10 秒讓你被討厭 ／

 呃……請問發生什麼事了嗎？
感覺您跟平常不太一樣。

(24 字)

＼ 10 秒提升好感度 ／

 早安，我正要泡茶，
需要幫您泡一杯嗎？

(18 字)

✖ 不夠謹慎的作為反而會激怒對方

呃……請問發生什麼事了嗎**1**？
感覺您跟平常不太一樣**2**。

　　你只是一個下屬，不該胡亂斷定上司的情緒有異，這樣上司只會覺得你很白目。上司情緒就已經很不好了，你這種說法只是火上澆油罷了。

　　不要擅自斷定對方的「情緒」「價值觀」「狀態」，尤其對方是你的上司，這麼做只會有反效果。這就是「安撫」對方的難處，下位者要安撫上位者，也許上位者根本察覺不到。當你點破對方的情緒有異，搞不好你的判斷並不正確，因此斷定對方的狀況要格外謹慎。

 Good Point

○ 跟平常一樣打招呼，順便換一個情境

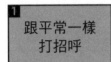
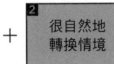

| 1 跟平常一樣 打招呼 | ＋ | 2 很自然地 轉換情境 |

> 早安1，
> 我正要泡茶，需要幫您泡一杯嗎2？

　　上司心情不好，職場的氣氛也很凝重。如果你想要改變職場的氣氛，用這種隨和自然的手法比較安全。不過，千萬**不要裝出開朗明快的聲音，還自以為在替對方打氣**。你應該壓低語調，用沉著緩慢的語氣說話，來緩和上司火大的情緒。

> **換個說法也行**　關於昨天的簡報資料，我稍後跟您會報。

- 萬一上司在氣頭上，你又不得不去報告事情，不要勉強在當下報告，你可以提議晚一點再報告。
- 上司情緒真的很不好的話，也不會有心情聽報告，這種提議也是在幫助對方。
- 如此一來，上司情緒獲得緩解，你也不用冒著風險報告事情，可謂一石二鳥的好方法。這種替對方著想的舉止，未來對你自己也會有好處。

談話中加入這些肢體動作

找件合宜的事情改變當下的氣息

- 講話時要和顏悅色,順便泡杯茶,改變當下的氣氛。這是很聰明的作法。
- 一開口最好看著對方的眼睛。
- 問對方要不要喝茶時,稍微歪著頭,做出一種詢問對方意願的動作。

10 sec. 關懷對方的心情

情境 **4** # 看見太太情緒低落

#希望妻子重拾好心情 #不希望踩到地雷

＼ 10 秒讓你被討厭 ／

妳怎麼了？
我也累了，
看妳這種臉我也很頭痛。

21字

＼ 10 秒提升好感度 ／

怎麼了嗎？
說說看吧，
也許我幫得上忙。

18字

Bad Point

✕ 批判對方情緒化只會有反效果

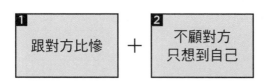

妳怎麼了？
我也累了**1**，
看妳這種臉我也很頭痛**2**。

　　一開始問對方怎麼了，乍看之下好像在關心對方，但下一句卻說「我也累了」，甚至還嫌棄對方臭臉，這根本是在批判對方。**這種自私自利的說話方式，只會讓妻子大失所望，情緒更加惡劣。**這違反了第 5 條準則「不要馬上否定對方的想法」。

　　當你說出「我也累了」，妻子會認為你只想到自己，都沒顧慮到她。這非但無法打聽出對方的心裡話，反而會加深夫妻的隔閡。

Good Point

⭕ **給對方主導權，拉近雙方距離**

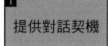 提供對話契機 ＋ 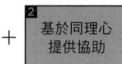 基於同理心
提供協助

怎麼了嗎**1**？
說說看吧，也許我幫得上忙**2**。

　　用比較低的姿態，表示你願意提供協助，**這是把主導權
交給對方，拉近雙方距離的一種方法**。這種說法不會高高在
上，也不會顯得太過強硬，對方比較容易打開心房。

　　另外，暫時讓對方冷靜一下，也是關懷的方式之一。當
你發現對方心情不好，看起來跟平常不太一樣，你可以換個
說法，不必特意提起。

　　「差不多該帶狗狗去散步了，我現在去好了。」

　　這種若無其事的說法，算是比較安全的話術。不過，你
只能提起自己要做的事，千萬不要提出要求，好比要求對方
快去煮飯等等。這種白目的說話方式，會引爆對方的怒火。

談話中加入這些肢體動作

凝視對方的時間越長，越能表達你的關懷

- 當你在關心對方時，要凝視對方的臉孔和眼睛，表達關懷。
- 凝視對方的時間要夠長，才能表達你的關懷。根據我的實驗數據，每分鐘凝視超過 32 秒，對方比較容易感受到關懷。

10 sec.　關懷對方的心情

情境
5

安慰心煩的丈夫

#希望幫助對方　#希望問出對方的心聲
#希望緩和對方的煩惱

＼ 10 秒讓你被討厭 ／

 你在公司闖禍了喔？
很少看你煩惱呢，怎麼了？

21
字

＼ 10 秒提升好感度 ／

 你看起來跟平常不太一樣，
我有點擔心你。
如果不麻煩的話，
說給我聽聽吧。

34
字

不要講得好像對方有錯一樣

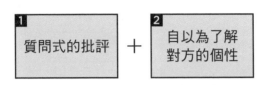

你在公司闖禍了喔**1**？

很少看你煩惱呢**2**，怎麼了？

　　不要一開始就懷疑對方闖禍，這種負面的猜測肯定會讓對方不高興。就算是事實，一個不了解公司內情或業務狀況的人，也不該講這種話。這是在否定對方的想法，違反了本章的第 5 大準則。**夫妻之間最好不要過度干預對方的工作**。

　　再者，擅自判斷對方的性格，講得好像對方都不會煩惱一樣，這種說法也不好。也許對方平常就有煩惱，只是生性溫柔體貼，不願意表達出來罷了。這一句話很有可能會傷害到對方。

 Good Point

○ 暗示對方妳有注意到他的變化

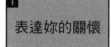

> **1**
> 表達妳的關懷

＋

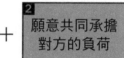

> **2**
> 願意共同承擔
> 對方的負荷

> 你看起來跟平常不太一樣，
> 我有點擔心你**1**。
> 如果不麻煩的話，說給我聽聽吧**2**。

　　如果對方只是氣氛不太對勁，**稍微表達妳很在意就好，這是最聰明的做法**。萬一對方不希望妳介入公事，很可能會故作鎮定，不肯承認自己有問題。給對方留點面子，也是表達體諒的方法之一。就算對方不肯吐露心聲，對妳的信賴度也會提高。倘若對方支支吾吾說出自己的煩惱，代表煩惱確實很嚴重。請務必表示妳的關懷，認真聆聽。

> **換個
> 說法也行**　我也差不多該準備晚餐了，沒問題吧？

- 如果對方表達出想訴苦的態度，用這種開場白也沒問題。
- 萬一對方很猶豫該不該訴苦，妳講這句話等於是在告訴對方，他想訴苦的話妳現在就願意聽他說。如此一來，對方也比較好開口。

談話中加入這些肢體動作

講話稍微停頓一下,可以表達妳的關懷之意

- 當妳說出「如果不麻煩的話」,記得停頓一下,表達妳的關懷之意。
- 整句話慢慢講就好,講得太快的話,對方可能會不高興,他會覺得反正講了妳也聽不懂。

10 sec. 關懷對方失落的情緒

情境 **6** 同事升遷不如預期，深受打擊

#希望鼓勵對方　#希望激發對方的拚勁

＼ 10 秒讓你被討厭 ／

 也許你現在不太好受，
但這也是一個挑戰的機會啊！

23字

＼ 10 秒提升好感度 ／

 我聽說你要調職了。
想必你有很多事要忙，
需要幫忙的話儘管開口。

30字

✕ 客套話只會給人事不關己的感覺

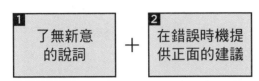

> 也許你現在不太好受**1**，
> 但這也是一個挑戰的機會啊**2**！

　　對方被明升暗降，受到了很大的打擊，根本不會認為這是一個挑戰的機會。也許你是出於好意鼓勵對方，但在當下說出這種客套話，證明你其實抱著事不關己的態度。這句話完全沒考慮到對方的心情，也違反了本章的第 3 條準則。對方也看出你沒誠意，只會覺得你不該多嘴。

 Good Point

⭕ 體諒對方的失落，用實際的協助來表達關懷

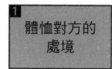

| **1** 體恤對方的處境 | ＋ | **2** 誠懇地提供協助 |

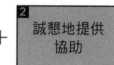

我聽說你要調職了。
想必你有很多事要忙**1**，
需要幫忙的話儘管開口**2**。

　　如果對方確實被降職了，你也不用粉飾太平，直接當成一件壞事反而比較自然。尤其對方肯定會很不安，這時候你願意伸出援手，在對方眼中也會顯得很可靠。

　　這種狀況其實很複雜，大部分的人也不知道該說什麼才好，你就老實說出自己不知所措的心情，反而能打動人心。

　　比方說：

　　「也不知道該怎麼安慰你才好，總之我真心祝福你。」

　　講這種話至少不會得罪人。老實坦承你不知道該說什麼才好，這種誠懇的態度對當事人來說，也是一種救贖。

談話時溫和凝視對方，表達你的關心和溫柔

- 當你說出「想必你有很多事要操勞」，記得眼部周圍的肌肉稍微用點力。
- 輕輕活動你的臉部肌肉，帶著溫柔的心意凝視對方。

10 sec.　鼓勵對方

情境 **7** | ## 同事努力寫的企劃 一直被打槍

#希望體恤對方的辛勞　#希望激發對方的拚勁

＼ 10 秒讓你被討厭 ／

咦咦？
你那麼努力還被打槍喔？
一定不想再修改了對吧？

25
字

＼ 10 秒提升好感度 ／

真是辛苦你了。
不過，我相信你一定會繼續努力。

22
字

Bad Point

✘ 不要隨便臆測對方的心情

1		2		3
表示驚訝	＋	在對方傷口上 灑鹽	＋	刺激對方的 怒意

咦咦**1**？

你那麼努力還被打槍喔**2**？

一定不想再修改了對吧**3**？

　　也許對方是很有毅力的人，他告訴你這件事情，只是要鼓舞自己繼續努力。**結果，你卻擅自做出負面的揣測，認定對方不想再努力，對方肯定會不高興**。這是在否定對方的想法，違反了本章的第 5 大準則。

　　就算對方真的很失落，你一個外人潑冷水，對事情一點幫助也沒有。

Good Point

⭕ 體諒對方的心情，談論光明正向的未來

＋

> 真是辛苦你了**1**。
> 不過，我相信你一定會繼續努力**2**。

　　雖然這也是在揣測對方的心態，但至少比較正面，而且你相信對方會再接再勵，這純粹屬於個人看法，比較不會影響到對方的心情。

　　對方同一個企劃修改了 3 次，顯然對這個企劃投注極高的熱忱，自然不會輕言放棄。有鑑於此，你用這種說法**等於是間接告訴對方，你能體諒他的心情，而且也是一種非常得體的鼓勵方式**。

　　萬一對方失去自信，你也不妨表達關心。

　　「如果有我幫得上忙的地方，歡迎你隨時來找我。」

　　請用這樣的方式，賦予對方勇氣。

談話中加入這些肢體動作

善用說話的節奏，表達你的關心和鼓勵

- 當你體恤完對方的辛勞後，稍微停頓一下。

- 之後說出「我相信你一定會再接再厲」，講這句話的時候，
  聲音要更大一點，並且凝視對方的眼睛。可以的話，最好拍
  拍對方的臂膀。

10 sec. 體恤對方的不安，鼓勵對方勇敢挑戰

情境 **8** | # 下屬表示不敢
嘗試新挑戰

#希望激發下屬的自信　#希望下屬自動自發

＼ 10 秒讓你被討厭 ／

 欸？我說你啊，
這是很難得的機會耶，
你要浪費喔！

23 字

＼ 10 秒提升好感度 ／

 這樣啊。你第一次做這件事，
所以缺乏信心吧。
如果是這樣，
我會全力幫助你。

35 字

✗ 強迫別人接受你的價值觀，只會適得其反

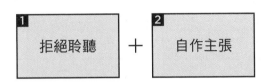

欸？我說你啊，
這是很難得的機會耶❶，
你要糟蹋喔❷！

　　你覺得對方在糟蹋機會，這純粹是你個人的判斷。對方就是因為缺乏自信，所以才不敢接受這份機會。你說對方在糟蹋機會，對方只會覺得你沒有同理心。這違反了本章的第 5 大準則，我們不該馬上否定對方的想法。

Good Point

⭕ 提供支援來緩和對方的不安，展現你的同理心

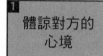

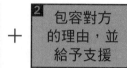

> 這樣啊。你第一次做這件事，
> 所以缺乏信心吧**1**。
> 如果是這樣，我會全力幫助你**2**。

　　這個情境的重點在於，萬一下屬說他沒有自信，你要確認他是不是真的沒有信心，並且表達你的同理心。除此之外，你還要全力幫助對方，讓對方安心。

　　話雖如此，你也不要一下子就逼對方答應，否則對方只會更加抗拒。**如果你想要套出對方的真心話，不妨用開放式的疑問，打探對方的意願。**用這種手法，就可以慢慢引導對方，讓對方同意處理這一項工作。

　　如果你有意栽培下屬，也可以用這種說法。

　　「我懂，我也有同樣的經驗。不過，鼓起勇氣去做，自然就會有信心了。」

　　把你的個人經驗告訴對方，再讓對方做決定也是個不錯的方法。

用柔和的眼神和笑容，表達你的體諒和關懷

- 當你詢問對方是不是缺乏信心，記得要停頓一下，觀察對方的眼神。不過眼神不能太強硬，否則會給人逼問的感覺。
- 當你說自己會提供協助，記得要面帶笑容，語氣盡可能溫柔。

10 sec. 分享對方的喜悅，強化彼此的關係

情境 **9**

聽說上司的女兒 考上知名大學

#希望表達你的喜悅　#希望提升好感度

＼ 10 秒讓你被討厭 ／

　不愧是部長的千金，
肯定有遺傳到優秀的基因。

21 字

＼ 10 秒提升好感度 ／

　恭喜部長，這真是個好消息。
看您之前這麼擔心，
我也替您高興。

29 字

不要隨意提起身家和血統的話題

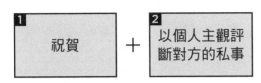

不愧是部長的千金**1**，
肯定有遺傳到優秀的基因**2**。

　　就算上司的女兒比你年輕，你也不該用高高在上的態度，評斷上司的女兒基因優秀。

　　況且，突然提起基因也不妥，因為有可能觸碰到敏感的話題。而且這段話完全沒有你的誠意。**你要展現真實的情感，才能表達你的感同身受。**切記本章的第 3 大準則，要說出感性的字眼。

Good Point

◯ 要把上司的喜事當成你的喜事

> 恭喜部長**1**，
> 這真是個好消息。看您之前這麼擔心，
> 我也替您高興**2**。

　　這種情況下，**老實說出你的感想才是上策**。你只要說出你跟對方一樣高興，就能展現你的同理和關懷。

換個
說法也行　　恭喜部長，我家小孩還沒經歷過大考的階段，請問有什麼祕訣嗎？

- 假設你也同樣有女兒，可以好奇地詢問一下，說不定上司會很樂意告訴你。

- 自家喜事受到其他人的認同和祝福，是一件非常幸福的事情。所以，如果你想要討好上司，請養成關懷和感同身受的特質，才不會漏看上司的任何一樁喜事。

188

用誠懇的笑容表達喜悅

- 恭喜對方的時候,表情務必開朗活潑。
- 稍微舉起雙手表達喜悅。

10 sec. 表達祝賀之意，強化彼此的關係

情境

10 | 得知上司升遷的喜訊

#希望祝賀對方　#希望表達感謝之意

＼ 10 秒讓你被討厭 ／

 恭喜部長，
這是百尺竿頭、
更上一層樓的好機會呢！

23 字

＼ 10 秒提升好感度 ／

 部長，
我代表組員恭喜您升遷，
也請您工作之餘多多保重身體。

28 字

就算是喜事，也不要把個人意見強加在對方身上

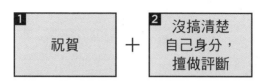

> 恭喜部長**1**，
> 這是百尺竿頭、
> 更上一層樓的好機會呢**2**！

　　部長的確升遷了，但這件事對他本人來說，不見得是一個百尺竿頭的好機會。**身為下屬的你擅自評斷，這逾越了你的身分**。這種主觀評斷形同在否定對方的想法，違反了本章的第 5 大準則。

　　再者，這種強烈的鼓舞會造成對方的壓力，說不定對方只會感到痛苦。所以，奉勸各位不要隨意揣測上司的立場和狀況。

 Good Point

○ 表達你和眾人的心意

| **1** 表達眾人的祝福，加強祝賀之意 | ＋ | **2** 誠心關懷對方的健康 |

> 部長，<u>我代表組員恭喜您升遷**1**</u>，
> <u>也請您工作之餘多多保重身體**2**</u>。

上司要升遷了，如果你的祝賀太過誇大，上司也許會認為你是在拍馬屁講客套話。至於這個例子，就沒有這樣的風險，**因為你是在表達全體同仁的祝福**。一來可以彰顯你們是融洽的團隊，二來帶領你們的上司也會很高興。再加上你還關心了上司的健康，肯定能夠留下好印象。

過去我在某家公司擔任顧問，有一位上司碰到了同樣的狀況。根據他的說法，他最喜歡的是下面這種祝賀。

「恭喜您，部長。**我們都是靠您拉拔成長的，您不在了我們會很寂寞**，祝福您在新的崗位上鴻圖大展。」

下屬對於他的離去感到寂寞，因此他對自己過去的貢獻感到驕傲。這種惜別的說法沒有人會討厭的，稱得上是最棒的道別話語。

談話中加入這些肢體動作

以誠敬的語氣表達祝賀之意

- 當你代表團隊成員表達祝賀之意時，為了表示恭敬，說法務必嚴謹一點。

- 「請您工作之餘多多保重身體」乍聽之下有些客套，為了確實表達你的關懷之意，發音和咬字務必清晰，而且要看著對方的眼睛說出來。

第 6 章

激發對方拚勁的
稱讚法

10 秒鐘用對的方式稱讚對方，讓他們拚勁十足

有些日本的諺語從表達心理學的觀點來看，我不敢苟同。好比「蠢豬一褒變勇夫」、「傻子也有利用價值」。為什麼這些諺語有問題呢？因為這些話從根本上來看，都是在否定對方的人格，而不是讚賞對方的人格。

你的孩子、下屬、同事都需要你的讚賞，但他們不是畜生或笨蛋。這些諺語不只是在貶抑對方，而且還自視甚高，妄想用幾句甜言蜜語來操弄對方。

不可以用高高在上的態度稱讚對方，這是本章最重要的關鍵。你不能用自視甚高的方式來評價對方，請站在對等的立場，表達你的感謝和讚賞。另外，不要只是單純讚美對方，要具體說出對方做了哪些貢獻，才能激發他的拚勁。

我平常在日本大學藝術學系授課。有一天，某位學生說我文章寫得「還不錯」，老實說我聽了很錯愕。

當然，那位學生沒有惡意。不過，我出的書超過 180 本，稱得上寫作的專家，結果他卻說我寫得還不錯。

果然，旁邊另一位學生聽不下去，責備他太過傲慢。

本章的 5 大準則

① 不要以傲慢的態度稱讚對方

也許你們的立場有別,但在稱讚對方的時候,不要用高高在上的態度稱讚。盡可能站在對等的立場稱讚對方。

② 當第一個稱讚的人

不要等其他人先稱讚,你才跟著稱讚。這樣看起來很像在跟風。

③ 不要放過稱讚的機會

稱讚別人要即時。不過,請注意你的讚美之詞,會不會傷害到其他的對象。

④ 使用間接稱讚的技巧

趁當事人不在場的時候表達讚揚,或者透過第三者表達你的讚美之情,間接說出你讚賞對方身上的哪些優點。這種技巧對多慮或疑心病重的人特別有效。

⑤ 不要太過誇大

對那種容易得意忘形的人,或是井底之蛙的人,千萬不要過度稱讚。否則,他們真的會認為自己很厲害。

10 sec. 鼓舞對方再接再厲

情境 **1** | 下屬的市場調查
做得很完善

#希望讚美下屬　#希望激發下屬的拚勁

＼ 10 秒讓你被討厭 ／

 很厲害欸！
你一個新來的可以做到這樣，
真的讓我很驚訝。

26
字

＼ 10 秒提升好感度 ／

 你工作這麼忙，
也沒疏忽必要的準備工作，
真的幫了我很大的忙。

29
字

Bad Point

✕ 過低的評價只會破壞對方的拚勁

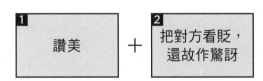

| 1 讚美 | + | 2 把對方看貶，還故作驚訝 |

> 很厲害欸**1**！
> 你一個新來的可以做到這樣，
> 真的讓我很驚訝**2**。

　　「你一個新來的竟然有這種本事，真是嚇到我了」這句話的另一層涵義是，你本來不相信對方辦得到。這代表你一直認定對方是個無能的人，對方聽到你這句話，也不知道你到底是在損人還是在稱讚。這違反了本章的第 1 條準則，你不該用高高在上的態度評斷他人。

　　再者，那一句「真厲害」也很沒有誠意，沒有具體傳達你要讚美的優點。因此，對方很有可能再也無法發揮那一項優點。

 Good Point

⬤ 表達你的感激，藉此稱讚對方的本事

 1 體諒對方
的立場 ＋ 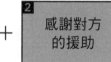 **2** 感謝對方
的援助

你工作這麼忙，也沒疏忽必要的準備工作**1**
真的幫了我很大的忙**2**。

　　當你承認對方惠我良多，對方聽了也會開心接受你的讚賞。而且，對方在百忙之中依然沒有疏忽準備工作，這種說法是非常高度的評價。換句話說，你是用簡單易懂的方式，具體稱讚對方的優點。如此一來，下屬就明白如何才能得到讚賞，未來也會把同樣的優點活用在工作上。

換個
說法也行　　我雖然沒明講，其實很煩惱該怎麼辦呢。你的支
援真的讓我鬆一口氣，多謝啊！

● 如果你是上司，稍微示弱一下可以拉近彼此的心理距離。

談話中加入這些肢體動作

表情和動作要盡量保持親和力

雙方關係不錯的話，
不妨握手致意

你真的幫了
大忙呢！

企劃書

- 當你站在上司的立場稱讚對方時，切記不要擺出趾高氣昂的態度。
- 感謝對方幫忙時，要面帶笑容，順便點頭致意。雙方關係不錯的話，不妨握手致意，這也有不錯的效果。

10 sec. 鼓舞對方再接再厲

情境 **2** 讚美勞苦功高的團隊領袖

＃希望好好稱讚那位領袖　＃希望提升團隊士氣

＼ 10 秒讓你被討厭 ／

 你的組員都很優秀，
你運氣不錯嘛。

16 字

＼ 10 秒提升好感度 ／

 團隊在你的帶領下十分活躍，
我真的很感謝你。

21 字

✖ 不要稱讚外在條件，這是不當評價

> 你的組員都很優秀 **1**，
> 你運氣不錯嘛 **2** 。

團隊成員優不優秀，這主要是看運氣。因此，這種講法不是在稱讚對方的領導技巧，也間接糟蹋了對方的努力。

稱讚外在條件，對方會覺得你給的評價過低，反而失去工作的拚勁，適得其反。這違反了本章的第 1 條準則，你不該用高高在上的態度稱讚對方。

稱讚對方的本事，說出這件事對你的影響

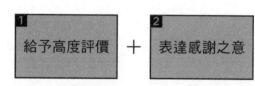

給予高度評價 ＋ 表達感謝之意

團隊在你的帶領下十分活躍**1**。
我真的很感謝你**2**。

　　雖然你的用意是稱讚團隊領袖，但也不能疏忽其他成員的努力，否則對方會覺得你的讚美不夠到位。**用這種方法可一次稱讚對方的領導才能，以及整個團隊的實力，很容易獲得下屬的信賴。**千萬不要為了褒獎對方，而貶低其他的對象，這種敷衍又沒誠意的做法，很有可能會失去對方的信賴，請務必留意。

　　另外，使用「惠我良多」的讚美方式也不錯。

　　「看你這麼熱心指導團隊成員，我真的很感動，以後也請你多幫忙啦。」

　　這種說法不只稱讚對方的成果，也稱讚了對方努力帶領團隊的過程。對方會覺得一切的辛苦都是值得的，肯定越來越有拚勁。

談話中加入這些肢體動作

讚美他人如同讚美自己，讓其他成員雨露均霑

- 稱讚對方的領導才能時，伸出自己的慣用手，掌心朝向對方，要像在慶賀自己的功勞一樣誠心稱讚對方。
- 表達你的感謝之意時，要露出笑容，稍微點頭致意。這樣你在道謝時，能夠柔和表達你的喜悅。

10 sec. 激發中階主管的拚勁

情境 **3** ## 稱讚承受各方壓力的中階主管

＃希望慰勞中階主管的辛勞　＃希望展現你的體恤和諒解

＼ 10 秒讓你被討厭 ／

山田主任，多謝你啊。
這種危急的狀況下千萬不能大意，
否則後果會很嚴重。
麻煩你繼續努力。

42字

＼ 10 秒提升好感度 ／

山田主任，
你這麼忙還努力幫我，
真的給我很大的鼓勵。

25字

威脅無法激發對方的拚勁

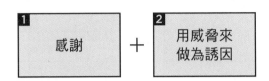

> 山田主任，多謝你啊**1**。
> 這種危急的狀況下千萬不能大意，
> 否則後果會很嚴重。麻煩你繼續努力**2**。

　　一開始表達謝意是好事，但後面那一段話，從心理學來看屬於「威脅性動機」，純粹是在增添對方的壓力。所謂的威脅性動機，就是強調負面的印象，迫使對方緊張的做法。例如父母嚇唬小孩子，不好好念書不會有好前途一樣。如果對方的個性比較內向，這種說法會帶來很大的壓力，讓對方難以承受。

　　情況已經很緊迫了，你這是在增加不必要的壓力。這種「威脅性動機」有可能徹底瓦解對方的拚勁，請務必留意。

Good Point

⭕ 告訴對方，你得到了莫大的幫助

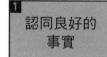
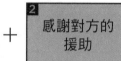

> 山田主任，你這麼忙還努力幫我**1**，
> 真的給我很大的鼓勵**2**。

　　主任在百忙中依舊努力不懈，你該把握住這個機會表達感謝，這麼做符合了本章的第 3 大準則。

　　再者，你老實承認自己得到了莫大的幫助，這也符合第 1 章的「惠我良多」準則。**在稱讚對方的時候，你要具體說出對方提供了哪些幫助。**

> **換個說法也行** 主任的立場非常關鍵，必須承受下屬和上司的壓力。所以你的心情我也深有體會，真的很感謝你平時的努力。

- 站在對方的立場，體諒對方的辛勞也不錯。對方聽到這種說法會很感動，因為你是一個善解人意的好上司。
- 接著你再表達感謝之意，可以激發對方的拚勁。

208

點點頭面帶微笑，表達你的感謝和期待

- 當你提到對方在百忙之中替你分憂解難，記得用力點點頭，表達你的感動和謝意。
- 當你提到自己大受鼓舞時，記得面對微笑，慣用手輕輕握拳。這麼做更能表達你的感動之意。

10 sec. 激發對方的信心

情境 **4**
下屬表示沒有信心做好下一個企劃

#希望激發對方的信心　#希望激發對方的拚勁

＼ **10 秒讓你被討厭** ／

你最大的缺點就是沒自信。
前幾天 A 公司的客戶對你讚譽有加，
打起精神吧。

34
字

＼ **10 秒提升好感度** ／

○ 同時處理好幾件工作很不安吧。
A 公司的高階主管對你的工作成果
很滿意，我很替你高興。

40
字

Bad Point

✖ 間接稱讚的技巧，不能和負面評價一起使用

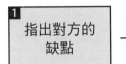

> 你最大的缺點就是沒自信**1**。
> 前幾天A公司的客戶對你讚譽有加，
> 打起精神吧**2**。

　　當你對下屬做出負面評價時，如果你說的是事實，當事人會受到很大的傷害。**你一開口就在打擊下屬的信心，就算後面用上「間接稱讚」的技巧，效果也會大打折扣。**

　　因為你是先損完人以後，才說出第 3 者的讚美，這樣聽起來很沒誠意。你有可能會失去下屬的信賴。

○ 善用「間接稱讚」轉達他人的讚美

| 1 體諒對方 | ＋ | 2 善用間接稱讚，表達你的喜悅 |

> 同時處理好幾件工作很不安吧 1。
> A公司的高階主管對你的工作成果很滿意，
> 我很替你高興 2。

這種說法一開始有體恤下屬的壓力，因此後面用間接稱讚效果就很好。

那一句「同時處理好幾件工作，想必你很不安吧」，其實就是在體恤對方的心情。這種諒解可以稍微減輕對方的壓力，而且你之後提起了A公司的高階主管，利用一個有頭有臉的人物來讚美下屬，聽起來也特別有說服力。

在使用間接稱讚時，其實要慎選引用的對象。你必須找一個下屬喜歡的第三者，否則讚美的效果不大。

談話中加入這些肢體動作

抬頭挺胸，表達出你也同感驕傲的模樣

- 當你體恤下屬工作辛勞時，眼睛周圍的肌肉要放鬆，進行柔和的視線接觸。
- 你替下屬感到高興時，要挺起胸膛，讓對方看到你真的很高興的樣子。

10 sec. 維持對方的拚勁，督促其成長

情境 **5** | # 適度稱讚業績很好的下屬

#希望巧妙地稱讚對方　#不希望對方得意忘形
#不希望對方產生優越感

＼ **10 秒讓你被討厭** ／

 了不起啊，
你的業績根本無人能及。
請你繼續努力，
未來公司就靠你了。

32 字

＼ **10 秒提升好感度** ／

 感謝你這麼努力。
我知道幾個跟你一樣厲害的同業，
介紹給你認識一下。

32 字

過度的讚美會讓人得意忘形

> 了不起啊，你的業績根本無人能及 **1**。
> 請你繼續努力，未來公司就靠你了 **2**。

遇到井底之蛙必須予以警惕，過度稱讚會讓對方得意忘形，違反了本章的第 5 大準則。

尤其資歷淺的人很容易有自滿的毛病，他們可能會認為自己非常了不起。這時候你過度讚美他們，他們真的會眼高於頂，覺得自己無人能及。

為了避免類似的情況發生，你要告訴他們，同業中也有其他高手，順便介紹給他們認識一下。這麼做的用意，是要警告他們不能志得意滿。

○ 善用讚美和警告，恩威並施

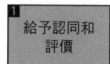
給予認同和
評價

＋

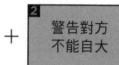
警告對方
不能自大

> 感謝你這麼努力**1**。
> 我知道幾個跟你一樣厲害的同業，
> 介紹給你認識一下**2**。

　　對方付出了努力，你就該好好稱讚。之後再搬出其他高手，警惕對方不能驕傲自大。這麼做符合本章第 5 準則。

　　那些井底之蛙或是容易得意忘形的人，他們聽到誇大的讚美會照單全收，不會認為那是客套話。也因為他們信以為真，所以過於自大自滿。**你必須舉出具體的實例，讓他們知道人外有人、天外有天。**這不但是一種警惕，也可以當作他們未來努力的目標。

談話中加入這些肢體動作

善用犀利的言詞及溫和的氣息

轉換成理性的發言

我知道幾個跟你一樣厲害的同業，介紹給你認識一下。

和顏悅色

感謝你這麼努力。

- 感謝對方的時候，要保持開朗的動作點點頭。
- 後半句轉換語氣時，嘴唇要盡量放開，同時凝視對方的眼睛，讓對方知道你在對他講道理。

深化雙方的關係

情境 6

自然地稱讚前輩的穿著

#不希望被當成客套話　#希望稱讚得很自然
#希望提升自我評價

＼ 10 秒讓你被討厭 ／

山田說得沒錯，
前輩今天的西裝真的不太一樣呢，
一定是訂製的吧。

30字

＼ 10 秒提升好感度 ／

我不太懂時尚，
所以之前沒仔細看，
這一套西裝真的很棒呢！
改天我也想穿穿看。

36字

Bad Point

✗ 只會附和別人容易被看輕

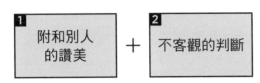

　擅自斷定人家的衣服是訂製的，說不定你根本猜錯了，而且這是用高高在上的態度去揣測對方，違反了本章的第 1 條準則。使用這種說法，代表你缺乏時尚品味，根本沒注意到對方的穿搭變化，**純粹是聽到其他同事稱讚，才急著當一隻應聲蟲罷了。不僅缺乏說服力，對方甚至會覺得你是一個喜歡當應聲蟲的人。**

　相信各位都看過這種例子，比方說有個朋友聊起某部電影，結果另一個人就急著跳出來說自己也看過。同樣的道理，稱讚別人是一件好事，但如果你沒發現對方的優點，純粹是順著其他人的讚美來講話，反而容易被看輕。

 用真誠的意見說出你的感想

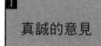

真誠的意見　＋　表達你的
羨慕之情

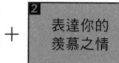

我不太懂時尚，所以之前沒仔細看，
這一套西裝真的很棒呢**1**！
改天我也想穿穿看**2**。

　　聽到其他同事稱讚你才跟著稱讚，這種應聲蟲式的稱讚法，違反了本章的第 2 大準則，聽起來就很沒誠意。不過，老實說出你不懂時尚，再誠懇表達你的羨慕之情，前輩會認為你是一個誠實又可愛的後輩。

　　再者，你說自己改天也想穿穿看，代表對方的服裝品味開了你的眼界，也符合第 1 章的惠我良多準則，這是很巧妙的表達方式。

談話中加入這些肢體動作

善用眼神可以表達出極大的敬意

- 當你說「我之前怎麼沒注意到呢」，記得張大眼睛表示驚訝，表情維持一秒就好。
- 當你說「改天我也想穿穿看」，同樣要張大眼睛。但這一次不是表示驚訝之情，而是要收斂笑意，顯示你真的有心要追隨的意思。

第 **7** 章

促使對方改進的
責備法

10 秒內督促對方改進，
讓對方更積極努力

對該發怒的事情發怒，對該發怒的對象發怒，並在該發怒的時機，用正確的方式發怒。這種人會得到大家的尊敬，被尊稱為「溫和的人」。

請各位仔細閱讀這一段亞里斯多德的名言[*]。

人類喜怒哀樂的情感之中，最難處理的就是憤怒的情緒。有時候，我們會對能力或地位不如自己的人發怒，好比小孩、下屬、後輩、夥伴等等。而這又包含以下 5 種情況。

❶ 責罵缺乏正當性，變成單純的「發怒」，甚至太過情緒化。

❷ 對不該發怒的對象發怒。

❸ 責罵的方式錯誤，變成單純的傷害。

❹ 在錯誤的時機責罵，失去了該有的效果。

❺ 責罵的方式太嘮叨，對方反過來發火。

亞里斯多德早就看出來，人類在責罵別人時經常犯類似的錯誤。

他的意思是，了解恰當的責罵方式，不犯以上 5 種錯誤，就會被視為「溫和的人」，獲得大家的敬重。

2300 年前的古諺，放到今天依然是真理！各位在感動之餘，也請學習正確的責罵方式。

---

[*] 亞里斯多德《尼各馬可倫理學》（*The Nicomachean Ethics*）第 4 卷第 5 章

本章的 5 大準則

1 責備和動怒不一樣

請確認一下，你的責備是否夾雜了憤怒的情緒？先認清你的責備是否有正當性，盡可能用冷靜客觀的方式責備對方。

2 不要否定對方的人格

責罵和否定對方的人格是兩回事。如果你用否定人格的方式，責罵地位不如你的人，可能會被當成職權騷擾。

3 分清楚責罵的時機

在大庭廣眾下責罵對方，對方可能會惱羞成怒。

4 責罵不要太過冗長

如果你一直翻舊帳，抓出對方一大堆缺點來罵，對方反而會變得情緒化，再也提不起勁做事。

5 準備好援助措施

在責罵對方時，要提供對策和建言，給對方一個台階下。如此一來，對方會更容易接受你的提議。

10 sec. 督促對方改進

情境 **1** | # 警告經常遲到的下屬

#希望改變對方的行為　#希望對方聽話　#希望保持威嚴

＼ 10 秒讓你被討厭 ／

 你上個月遲到兩次，
半年來已經遲到 10 次以上，
你這樣不太行啊！

29 字

＼ 10 秒提升好感度 ／

 你每次遲到，
我們在晨會上就沒辦法分派工作，
造成大家的困擾。

29 字

✗ 千萬不要否定對方的人格

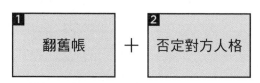

> 你上個月遲到兩次，
> 半年來已經遲到10次以上**1**，
> 你這樣不太行啊**2**！

　　提起上個月遲到也就罷了，還提起半年前的事情，對方只會心生反感，根本不會好好反省自己的缺失。

　　再者，你罵對方「不太行」，**這是在否定對方的人格。像這種話千萬不能說出口**，這違反了本章的第 2 大準則。對方只是遲到不可取，跟他的人格沒有關係。萬一對方真的認為自己很沒用，未來成長會受到很大的限制。

Good Point

〇 說出對方遲到會造成哪些不良影響

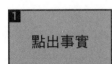
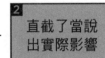

1		2
點出事實	＋	直截了當說出實際影響

> 你每次遲到，
> 我們在晨會上就沒法分派工作**1**，
> 這是在給大家添麻煩**2**。

　　對方多次遲到，代表根本沒有守時的意願。那已經是一種習慣了，光是否定對方遲到的行為，不會有太大的效果。遇到這種人，你要說出遲到造成了哪些不良影響。當你說出對方遲到，導致其他工作無法分派，**這是很具體的事實，並非在挖苦對方**。

　　如果對方不懂得自律反省，不妨用下面這種說法更進一步。**「你遲到的原因是什麼？自己寫出來看一下好嗎？」**

　　《奇點臨近》（*The Singularity Is Near*）一書的作者雷蒙・庫茲維爾（Raymond Kurzweil），也認為寫出個人缺失有助於改善問題。這也是一種有效改善問題的方法。

談話中加入這些肢體動作

表情太兇會引起對方的反感

- 對方遲到給大家添麻煩，這一句話是重點。為了避免模糊焦點，你不能用太兇的表情罵人。
- 稍微皺起眉頭，表達出你很困擾的模樣，來強調對方真的給大家添了麻煩，這樣會更有效果。
- 皺起眉頭，從正面進行眼神接觸。

10 sec. 指出嚴重的缺失，督促對方改進

情境
2

在正式場合
下屬穿得太隨便

＃希望對方分清楚場合

＼ 10 秒讓你被討厭 ／

你到底在想什麼？
也太丟人了吧，
快點回去換一套衣服啦。

26
字

＼ 10 秒提升好感度 ／

你看一下其他人。
你穿的衣服，
是不是有點不太合適？
你自己覺得呢？

31
字

情緒化罵人只會有反效果

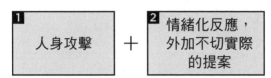

> 你到底在想什麼？也太丟人了吧**1**，
> 快點回去換一套衣服啦**2**。

　　這種說法只是在發洩你內心的不滿罷了。**這根本不是在責備對方，而是你控制不了自己的情緒亂罵人**。對方聽了只會感到錯愕，這違反了本章的第 1 條準則，沒有分清楚責備和發怒的差別。

　　況且你明知道對方不可能回家換衣服，還說出這種話來非常惡劣。罵人如此歇斯底里，對方不可能會反省。

 Good Point

◯ 先問對方看法，再諄諄教誨

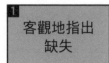
客觀地指出
缺失

＋

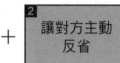
讓對方主動
反省

你看一下其他人。

你穿的衣服，是不是有點不太合適**1**？

你自己覺得呢**2**？

不要只是責備對方犯錯的事實，問一下對方的想法，**讓他好好思考自己不識大體，是多麼嚴重的一件事**。不是只有責備才有反省的效果，讓對方主動思考問題所在，這才是真正的反省。

換個
說法也行　田中，你不覺得外觀也是人家衡量你的一大因素嗎？

- 很自然地點出事實，這種說法相當不錯。
- 根據表達心理學的論述，人類相當重視外觀。舉凡身上穿的衣服和飾品，也都算是外觀的一部分。

讓對方注意周遭狀況，搭配肢體動作督促對方改進

- 你叫對方環顧四周時，因為這句話本身不是關鍵，你自己也可以搖搖頭，做出環顧四周的動作。
- 最後，用提問的方式督促對方反省，你要讓對方抬頭正視你，同時做出質問對方的表情。

10 sec.

表達問題的嚴重性，督促對方改善

情境
3 | # 下屬接到客訴卻知情不報

#希望好好警告對方　#不希望對方再犯

＼ 10 秒讓你被討厭 ／

你接獲客訴卻故意不回報，
你有意隱瞞對吧？

20字

＼ 10 秒提升好感度 ／

為了維護客戶對我們的信賴，
接到客訴請你務必通報。

24字

Bad Point

❌ 光是釐清事實，對方不會誠心反省

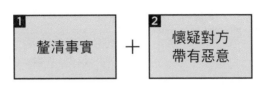

> 你接獲客訴卻故意不回報❶，
> 你有意隱瞞對吧❷？

　　如果你責罵的重點在於下屬知情不報，那麼對方不會認真反省。**就算他未來跟你報告，也只是因為怕被你罵而已。**

　　下屬也有可能是一時忘記回報，並非刻意隱瞞。你用這種方式罵人，對方只會心生反感，認為你太小題大作。

　　光是責備下屬犯的錯誤，無法改變對方的行為。請遵照本章的第 5 大準則，事先想好對策給對方參考。

〇 明確告知規矩存在的意義,督促對方改善

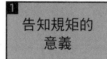
告知規矩的
意義

＋

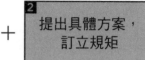
提出具體方案,
訂立規矩

為了維護客戶對我們的信賴**1**,
接到客訴請你務必通報**2**。

單純的教條無法督促對方改善問題。知名暢銷書《先問為什麼》(*Start with Why*) 的作者賽門‧西奈克(Simon Sinek),是美國的一流顧問,他認為人類必須了解一件事情的原因,才有辦法做出實際行動。因此你必須告訴下屬,如實通報才不會失去客戶的信賴。這樣一來,短短 10 秒內對方就會知道通報客訴的必要性。了解原因,就能輕易改變行動。倘若下屬的個性比較嚴謹,你不妨用諺語或成語來提醒對方,讓他自己發現問題。

「你聽過『防微杜漸』這句成語嗎?」這句話的英文是 a stitch in time saves nine(即時處理問題,可省下不必要的麻煩)。意思是有問題不趕快處理,事後會更難收拾。

像這種成語或諺語大家都能接受,好好利用的話就不必嘮叨半天,又有打動人心的功效。

談話中加入這些肢體動作

用語氣表達信賴，用眼神傳達說服力

以堅定的眼神凝視對方

對不起……

接獲客訴請你務必通報。

- 當你說出「為了保持客戶對我們的信賴」，請放慢速度，張大嘴巴咬字盡量清晰，讓對方聽清楚每一個字。
- 後半段「接獲客訴請你務必通報」，要以堅定的眼神凝視對方，請對方照辦。
- 凝視的時間不能低於兩秒。

10 sec. 指正缺失，督促對方改善

情境 **4**

提醒下屬不要一直
重複講「了解」

#希望下屬改掉壞毛病　#希望下屬知道自己的行為很失禮

＼ 10 秒讓你被討厭 ／

除了「了解」，你講不出其他話嗎？
人家會懷疑你有沒有認真聽，
勸你最好改一改。

37
字

＼ 10 秒提升好感度 ／

跟你溝通的對象可能會有壞印象，
所以最好不要重複講「了解」。

29
字

✘ 不可以因為下屬的說話方式，而否定他的人格

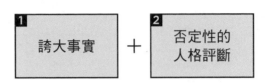

除了「了解」，你講不出其他話嗎❶？
人家會懷疑你有沒有認真聽❷，
勸你最好改一改。

　　下屬一直重複講「了解」，你就擅自猜測他會得罪人，並以此進行批判。這形同否定對方的人格，也違反了本章的第 2 大準則。用這種極端的說法，搞不好對方會心生反感，對你反唇相譏。對方可能會說，他只是剛好講到重覆的語彙，而且很認真在聽你講話。這種說法是不會有好結果的。

 要求下屬多替別人著想，並且提出指示

1 站在客觀的立場分析事實	+	2 具體的指示

跟你溝通的對象可能會有壞印象**1**，
所以最好不要重複講「了解」**2**。

　　不要直接責備下屬，而是點出事實，讓下屬知道他都用同樣的話搪塞對方，這種說法不會招來反感。你要告訴他這樣做容易吃虧，至於要怎麼改，你讓他自己做決定。這樣下屬比較容易接受。

換個
說法也行　　你似乎會不經意地一直說「了解」呢。

- 假如下屬對自己的口頭禪沒自覺，你可以用幽默的口吻，讓對方注意到這件事。
- 因為下屬一直沒有自覺，所以可能會很驚訝，你用委婉的口吻指出事實，對方應該就會反省了。

指出對方不好的口頭禪，讓他留意這個問題

- 為了明確指出對方有不好的口頭禪，你說話速度要放慢，而且一個字一個字說清楚，音量也要大聲一點。例如「了、解、了、解」，每個字分開來唸也無妨。

- 發音一定要清楚，這樣對方才會察覺到自己的問題。另外，提醒對方的時候，要注視對方的眼睛。

10 sec. 維持對方的拚勁

情境
5
下屬處理事情 總是不夠完善

#希望下屬力求完善　#希望下屬改進缺失

＼ 10 秒讓你被討厭 ／

 你處理事情就像畫龍不點睛，
這樣有做比沒做還糟糕。

24
字

＼ 10 秒提升好感度 ／

 你工作很努力，
偏偏都在最後一步鬆懈，
這是很可惜的事情。記得，
處理到最後一定要好好檢查。

43
字

✖ 要慎選比喻

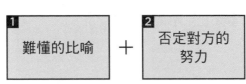

你處理事情就像畫龍不點睛**1**，
這樣有做比沒做還糟糕**2**。

　　你可能以為自己比喻得很巧妙，但這種抽象的說法，容易引起對方的疑惑。也許對方根本不懂「畫龍點睛」是什麼意思。

　　再者，後面那一句「有做比沒做還糟糕」，這種否定性的結論，**只會在對方心中留下被罵的印象，難以督促對方改進**。請遵照本章的第 5 大準則，提供一個解決之道。

Good Point

⬤ 先認同對方的努力，再給予建議

1. 先承認對方努力，並部分否定	＋	2. 提供方案

> 你工作很努力，偏偏都在最後一步鬆懈，
> 這是很可惜的事情 **1**。
> 記得，處理到最後一定要好好檢查 **2**。

　　先承認對方很努力，再說明事後完善的重要性。用這種說法，對方也比較容易接受。萬一對方資歷尚淺，**記得要提供具體的改善方案，這一點非常重要。**

> **換個說法也行** 我以前啊，寄送重要信件時忘了貼郵票，鬧了個大烏龍呢。

* 說出自己過去失敗的經歷，拉近雙方的距離，對方也比較願意打開心房。
* 如果對方認同你是一個優秀的上司，這種說法可以帶給對方勇氣。下屬會跟你看齊，努力改善自己的缺失。
* 你說出自己的失敗經歷後，雙方會培養出親密感。而且你做了一個好榜樣，下屬會積極改善缺失。

談話中加入這些肢體動作

別表達出負面的情緒，盡可能做出關懷對方的表情和舉動

- 千萬不要表達出憤怒和失望的表情。
- 開口之前，以慣用手溫柔拍拍下屬的手背，會有一種很親切的感覺。
- 說出具體的改善方案時，再一次凝視對方的眼睛，務必盯著對方的眼睛說出來。

10 sec. 糾正過失，督促對方改進

情境 **6** 責備下屬週一上班
就一直打哈欠

#希望下屬認真工作　#不希望被當成職權騷擾

＼ 10 秒讓你被討厭 ／

✕ 你是週末玩太瘋喔？
只有放假才精神抖擻，
這樣不行啊！

25 字

＼ 10 秒提升好感度 ／

○ 希望你平常上班收好心，
專心處理好工作，
就當幫我一個忙。

27 字

✖ 不要干涉下屬的私生活

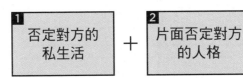

你是週末玩太瘋喔**1**？
只有放假才精神抖擻，這樣不行啊**2**！

　　你批評下屬的私生活，對方只會心生反感。嚴格來說，下屬要怎麼過週末假日，那是人家的自由，上司也沒資格過問。**搞不好下屬會覺得你這是職權騷擾**，所以千萬不要用這種責備方式。

　　再者，這種說法難以表達重點，你的重點是要對方上班時專心工作。責備對方之前，請先確認一下是否符合本章的第 3 大準則，務必釐清適當的責備時機。

Good Point

◯ 認清自己的監督範圍

| 1 明確說出自己的價值觀 | + | 2 提出你的要求 |

> 希望你平常上班收好心**1**，
> 專心處理好工作，就當幫我一個忙**2**。

　　這種說法比較沒風險，不但間接點出了下屬週末太忙的問題，又沒有直接干涉對方的私生活。另外，上司有權力干預下屬上班的態度。與其直接命令對方專心，不如用這種惠我良多的說法，請對方專心處理工作，就當幫你一個忙。如此一來，下屬也比較容易接受。

換個說法也行 也許你週末很忙，但禮拜天晚上應該好好休養，養精蓄銳才是。

- 萬一對方依然故我，你要提出具體的改善方案。
- 嚴格來講，你不該干涉對方禮拜天晚上要怎麼過。但這句話只是要對方先做好準備，比較不會引起下屬的反彈。

談話中加入這些肢體動作
善用手勢督促對方改善問題

善用手勢和拍手聲，在對方心底留下深刻的印象

希望你平常上班收好心。

- 兩手合掌發出「啪」的聲音，這種動作會在對方心中留下印象，相當有效。

10 sec.

讓對方全力以赴、言出必行

情境 **7**

下屬總是只會說，
但做不出實際成果

希望對方認真聽話

＼ **10 秒讓你被討厭** ／

你就只有一張嘴巴厲害，
實際作為卻不怎麼樣。
你是不是背地裡都在偷懶啊？

34 字

＼ **10 秒提升好感度** ／

你願意掛保證，
我就放心了。
那你明天能完成多少工作量？

26 字

武斷的批評只會破壞下屬的拚勁

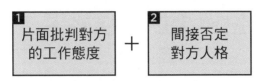

你就只有一張嘴巴厲害，
實際作為卻不怎麼樣**1**。
你是不是背地裡都在偷懶啊**2**？

就算你的猜測八九不離十，**用這種武斷的方式批評下屬，對方只會意氣用事罷了。**尤其那一句「實際作為卻不怎麼樣」是很嚴重的批判，像這種否定人格的說法，違反了本章的第 2 大準則。

另外，也許下屬不是偷懶，純粹是能力不夠。你用這種說法批判，下屬可能會就此一蹶不振。

⬤ 尊重下屬，明示具體的目標

1 給予全面性的肯定	+	2 提示明確的數字

> 你願意掛保證，我就放心了**1**。
> 那你明天能完成多少工作量**2**？

　　這種說法是相信對方一定會信守承諾，而且沒有批判對方。然而，如果你希望下屬真的處理好工作，一定要指示具體的目標。與其你擅自決定期限，不如仿效這個例子，引導對方自行訂出期限，這才是高明的做法。**給下屬自行決定期限，下屬才會產生責任感，也比較不會偷懶。**

> **換個說法也行** 沒有努力就不會有好的結果，我相信你應該沒問題才對。

- 主張你很信賴對方，也是個不錯的方法。
- 上司給予信賴，當下屬的再怎麼不情願也必須努力，這是人之常情。

用肢體動作表示具體的目標，督促對方行動

- 說前半句話的時候，記得要和顏悅色。
- 要求對方訂立一個期限或目標時，可以用手勢詢問對方，到底能做多少工作量。

第 **8** 章

讓對方說出
真心話的探詢法

善用 10 秒傾聽話術，套出對方的真心話

我的一個好朋友 K 先生在進口車商擔任業務，他掌握的訊息沒有別人多，也不是非常健談的人。嚴格來講，他都笑咪咪地聽別人講話。奇怪的是，每次一有新車發售，他的業績總是穩占第一。

有一天 K 先生打電話給我，大意是現在出了一款很帥氣又省油的跑車，希望找個時間跟我推銷一下。當時我正好在寫書，沒有多餘的時間跟他見面，便叫他把型錄寄給我。沒想到他提起了我寫作的內容，還關心我是不是熬夜寫作。最後還提醒我，一定要好好保重身體，千萬不要像去年那樣過勞暈倒。

首先我很佩服他，竟然記得好幾個月前的對話內容。更讓我驚訝的是，他連我去年發生的事都記得！

於是我向他道謝，順便說出我目前的狀況，然後就掛斷電話了。他用這種方法，又得到了我的最新訊息。簡單說，他運用的是以下 3 種表達心理學的技法。

❶ 不過度主張自己的欲望（控制感情）。

❷ 牢記自己聽過的訊息，並且用來提出疑問（傾聽和提問。Listen & ask）。

❸ 替對方著想，進一步套出對方的訊息（感同身受）。

最高明的是，他在對話中提起自己聽過的訊息，讓對方

品嘗到一種安心感。而且，還會在適當的時機應和對方，完全符合了傾聽的 5 大要點。

因此，只要我的車子出問題，我一定打電話向他請教。我總共買過兩次車，兩次都是找那位 K 先生。

本章的 5 大準則

1 設身處地替對方想

要懂得替對方著想。比方說，對方很忙碌的話，你就不該把對話時間拖得太長。

2 切莫情緒化

聆聽時要克制自己的情緒，不能表達出憤怒、焦慮、忙碌的態度。

3 先聽再說

先聽完對方說的話，掌握重點後再提出精確的疑問。尤其關乎數字或特殊名詞的話題，千萬不能搞錯。

4 複誦對方透露出來的訊息，牢記在心中

複誦對方說過的話，並且牢記在心。對方會覺得你是一個很棒的聆聽者。

5 善用點頭稱是的技巧

在談話中點頭稱是，可以套出對方的真心話。像這種技巧，在表達心理學又稱為「語言調節動作」。

10 sec. 勸導上司改善問題

情境 **1** 上司只是表面上關心，
其實根本不理你

#希望上司伸出援手　#希望上司真正關心你
#希望上司改善問題

＼ 10 秒讓你被討厭 ／

✕ 你關心我是講真的還講假的？
上一次我被同事孤立，
請你幫幫我，
你連個意見都沒給我對吧？

41
字

＼ **10 秒提升好感度** ／

○ 感謝您平日的關心和厚愛，
可否請您陪我一起思考
這次為什麼會失敗？

31
字

Bad Point

✖ 單方面的批判打聽不出對方的真心話

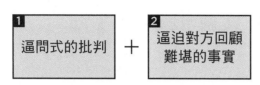

你關心我是講真的還講假的**1**？
上一次我被同事孤立，
請你幫幫我，你連個意見都沒給我對吧**2**？

　　這種說法純粹是在洩恨。上司被你說中痛處難以辯駁，
聽完你的批判以後，更不可能說出真心話。

　　像這種出於憤怒和猜忌的言詞，太過情緒化，也違反本
章的第 2 準則。請忍下負面的情緒，冷靜應對才是上策。

Good Point

◯ 當場尋求對方的幫助

1 表達感謝	+	2 提出請求,套出對方的真心話

> 感謝您平日的關心和厚愛**1**,
> 可否請您陪我一起思考
> 這次為什麼會失敗**2**?

　　如果你的上司只會出一張嘴,那麼你要當場逼對方行動,這才是關鍵所在。你都當場拜託上司幫忙了,萬一對方還找藉口推託,那你就能判斷這個人只是空口白話。這時候你要更進一步,追問上司到底什麼時候有空。上司無言以對的話,就代表這個人不值得信任。

> **換個說法也行** 感謝您平常不吝指教。那麼,您到底哪一點是為我好?

- 如果上司顧左右而言他,你不妨直球對決。
- 倘若上司無話可說,就代表他根本沒有心幫你,所謂的「為你好」只是惺惺作態的說詞罷了。

談話中加入這些肢體動作

就算內心不滿也要彬彬有禮，以謙敬的態度對談

\ 稍微點頭致意 /　　\ 稍微仰望對方 /

感謝您平日的關心和厚愛。

可否請您陪我一起思考這次失敗的原因？

- 先表達感謝，順便點頭致意。尋求建言時，要用眼神表達你是真心尋求對方的幫助，因此要稍微低著頭仰望對方。
- 最後一句話說完，再次點頭致意也很有效果。

10 sec. 套出對方的真心話，給予鼓勵

情境 **2** | 下屬怕失敗造成
大家的困擾

#希望套出對方的真心話　#希望激發對方的信心

＼ 10 秒讓你被討厭 ／

你怕失敗給大家添麻煩，
那就努力不要失敗啊。
所以咧，你真正的想法是什麼？

(35)字

＼ 10 秒提升好感度 ／

原來你害怕失敗啊。
那麼，你到底害怕怎樣的
失敗狀況？你詳細講給我聽，
我可以幫你。

(39)字

Bad Point

✗ 施加壓力只會造成反效果

你怕失敗給大家添麻煩，
那就努力不要失敗啊**1**。
所以咧，你真正的想法是什麼**2**？

用這種攻擊性的說法，代表你仗著自己地位比別人高，想要支配對方。**下屬感受到無形的壓力，更加不可能打開心房**。搞不好，對方會認為你在濫用職權欺負人。

尤其下一句，直接問下屬真正的想法是什麼。這種說法不夠婉轉，膽子小一點的下屬可能會被嚇到，同樣得不到對方的信賴。

不要用這麼直接的提問方式，要遵照本章的第 3 大準則，真誠聆聽下屬的發言。

Good Point

◯ 體諒對方的恐懼，並提供援助

| **1** 表達感同身受 | + | **2** 要求對方說出具體內容 |

> 原來你害怕失敗啊**1**。
> 那麼，你到底害怕怎樣的失敗狀況？
> 你詳細講給我聽，我可以幫你**2**。

　　「不想給大家添麻煩」這句話說穿了，就是害怕失敗的意思。而且這種講法聽起來，好像對方是責任感太強才會害怕失敗，你用這種正面的說法給對方一個台階下，下屬會認為你很信賴他。不僅如此，你間接認同下屬的擔憂，也能帶給下屬信心。最後再提供支援，好讓下屬安心。**如果下屬一改消極的態度，願意努力嘗試看看，那麼他一定會抱持責任感，完成這一個挑戰。**

> **換個說法也行** 你做事比較謹慎。那你不妨說看看，你這次遇到的瓶頸是什麼？

- 「做事謹慎」是相當巧妙的評價，而「瓶頸」一詞也是對事不對人，可以減輕下屬的心理負擔。下屬會更願意說出真心話。

- 不過，萬一下屬是那種多一事不如少一事的人，你提出建言，對方也許會嫌你雞婆。

要善用剛毅和柔和的表情，表達出體諒和鼓勵

- 當你點破對方害怕失敗，表情要帶著同情和體諒，溫和地凝視對方。
- 後半段提供建言時，為了強調你是真心幫助對方，記得嘴角一帶稍微放鬆，同時輕輕點頭，表達你的體諒和鼓勵之情。

 **套出對方的真心話,表達關懷**

情境
3

晚餐時,
伴侶看起來不太開心

#希望套出對方的真心話　#希望圓滿解決問題

＼ **10 秒讓你被討厭** ／

妳擺什麼臭臉啦!
我講錯什麼話了?
妳那懷疑的眼神是
對我有不滿嗎?

31
字

＼ **10 秒提升好感度** ／

對不起,
妳剛才講的話我好像沒聽仔細。
麻煩妳再慢慢講一次好嗎?

30
字

Bad Point

✗ 負面的批評只會失去信賴

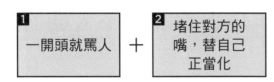

妳擺什麼臭臉啦**1**！
我是有講錯什麼話？
妳那猜忌的眼神是對我有不滿是吧**2**？

當你用這種攻擊性的態度對話，對方也會變得情緒化，或者乾脆死心再也不跟你講話。這違反了本章的第 2 大準則，你不該被自己的情緒擺布。

對方已經很不高興了，你最好不要再用**負面的字眼形容對方，好比說對方的眼神充滿猜忌就是一例。**

再者，這種批判對方來替自己正當化的說法，只會加深雙方的代溝，最後走向互相對立的局面。

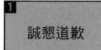

Good Point

 強調自己有做不好的地方,展現傾聽的肚量

1 誠懇道歉	+	2 表達自己有傾聽的意願

> 對不起,妳剛才講的話我好像沒聽仔細 **1**。
> 麻煩妳再慢慢講一次好嗎 **2**?

　　對方看起來心情不好,用主動認錯的低姿態關心對方,是正確的作法。**既然對方有些話不吐不快,你就該主動提供一個抒發的管道。**如此一來,就能套出對方的真心話了。

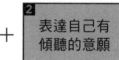 對不起,可能我最近有些不周到的地方,希望妳能提醒我一下。

- 先不提對方的狀況,直接主動談起也是個好方法。
- 希望對方提醒你該注意的地方,這種講法涵蓋的範圍很廣,代表你有虛心接受指教的誠意,對方也比較願意開口說話。

注意視線和轉頭的角度，可以表達出謙遜的態度

由下往上看著
對方的眼睛

對不起啦。

撫摸對方的手也是個好方法

- 道歉的時候，臉稍微朝下，接著由下往上看著對方的眼睛，呼喚對方的名字。這樣可以表達出低姿態。
- 如果雙方是情侶或夫妻之類的親密關係，不妨摟住對方的肩膀，或是撫摸對方的手，也非常有效果。

10 sec. 套出對方的真心話

情境 **4** | # 伴侶講了一大堆
晚歸的藉口

#希望套出真心話　#希望對方相信你　#不希望對方找理由

＼ 10 秒讓你被討厭 ／

為什麼這麼晚回來？
騙我也沒用啦，
勸你老實說出來。

(24)
字

＼ 10 秒提升好感度 ／

不好意思，
你剛才講的話我沒聽清楚。
麻煩你再重講一次好嗎？

(28)
字

認定對方有事瞞你，這種說法難以套出真心話

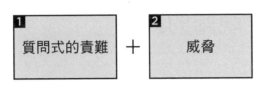

為什麼這麼晚回來**1**？
隱瞞也沒用啦，勸你老實說出來**2**。

　　擅自認定對方有事情瞞著你，這種說法只會惹人不快。
就算對方真有事情瞞著你，**你這麼盛氣凌人地逼問，對方只
會嚇到不敢開口**，連說真話的勇氣都蕩然無存。

　　再者，「隱瞞也沒用」聽起來很像威脅。也許對方本來
打算說出真相，一聽到你這種威脅的口吻，就更不可能開口
了。請遵照本章的第一大準則，提問時先替對方著想。

Good Point

◯ 先放低姿態,營造出容易開口的氣氛

1 控制自己
的情緒

＋

2 提出聰明
的請求

不好意思,你剛才講的話我沒聽清楚**1**。
麻煩你再重講一次可好**2**?

　　萬一對方說謊,一定很怕再重講一次剛才的謊言。尤其你還先道歉,對方也不好意思惱羞成怒或轉移話題。你要求對方原原本本復述一次剛才的內容,說謊的人一定會講得亂七八糟、不攻自破。如此一來,你就能套出真相了。

換個
說法也行 ── 今天辛苦你了。想必你也有不少煩心事,總之先
吃飯吧?

- 表示你沒有懷疑對方,讓對方安心。
- 對方知道你沒起疑,或許會願意告訴你真心話。

談話中加入這些肢體動作

不要擺臭臉，讓對方知道你不是敵人

面帶微笑

麻煩你再重講一次可好？

- 關鍵在於，你能否好好控制憤怒和負面的情緒。
- 千萬不要怒目相向，要面帶微笑。說出這段話的時候，身體可以順便去做下一件事。這是用肢體語言告訴對方，你希望快點解決這個問題。

情境 5

下屬表明想辭職

#希望挽留對方　#希望問出理由　#希望對方說真話

＼ 10 秒讓你被討厭 ／

天吶，我真不敢相信。
這裡的環境和待遇對你已經
很不錯了，為什麼你還想走？

35
字

＼ 10 秒提升好感度 ／

是嗎？你想辭職啊。
是不是碰到什麼事情？
方便告訴我，
為什麼你討厭現在的工作嗎？

38
字

✘ 不要強迫對方接受你的價值觀

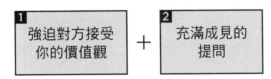

> 天吶，我真不敢相信。
> 這裡的環境和待遇對你已經很不錯了**1**，
> 為什麼你還想走**2**？

　　你說這裡的工作環境和待遇很好，這是你身為上司的主觀判斷。換句話說，**你純粹是基於個人的價值觀，來質疑下屬離職的動機**。這種說法太過自私，下屬只會感到莫名其妙，不可能說出真心話。請遵照本章的第一大準則和第 2 大準則，好好替對方著想，先聽完理由再表示意見。

　　這段話只是你這個上司的個人看法，也是不理性的情緒。如果你想打開下屬心房，一定要了解對方的想法和感受。

 Good Point

◯ 包容對方的感受和真心話

 設身處地
替對方想

＋

 溫和打聽
真心話

> 是嗎？你想辭職啊**1**。
> 是不是碰到什麼事情？
> 方便告訴我，為什麼你討厭現在的工作嗎**2**？

　　慢慢放鬆對方的戒心，這是心理諮商常用的手段，也是
表達心理學的技巧之一。**如果你真的想套出對方的真心話，
一定要先展現同理心**。既然下屬討厭現在的工作，你要替他
把這份心情說出來，這是關鍵的第一步。下屬獲得你的體
諒，就會產生一種安心感，自然而然說出想離職的理由。

> **換個
> 說法也行** 原來，你討厭現在的職場啊。你進來幾年了？能
> 再說得詳細一點呢？

- 問對方進來幾年了，稍微轉移一下話題，有緩和沉重氣氛
  的效果。
- 請對方說得更詳細一點，這是展現你有傾聽的肚量，對方
  才能安心說出真話。

談話中加入這些肢體動作

以溫和的語氣提問,展現你的同理心,而非批判

- 以緩慢的語氣問話,口吻才不會太嚴厲。
- 不要正面直視,稍微從偏斜的角度面對下屬,下屬比較願意
  開口。

10 sec. 套出對方的真心話，督促對方改進

情境 **6**
上司偏袒同事，沒提供合理的評價

#希望提升評價　#希望問出原因

＼ **10 秒讓你被討厭** ／

 我自認比 A 同事更加努力，
你是不是對我有什麼不滿？
有的話告訴我好嗎？

33 字

＼ **10 秒提升好感度** ／

 不好意思，我自認已經盡力了。
如果有什麼問題我會努力改善，
可以請你指點一二嗎？

38 字

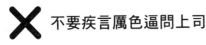

Bad Point

✖ 不要疾言厲色逼問上司

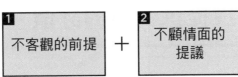

> 我自認比 A 同事更加努力**1**，
> 你是不是對我有什麼不滿？
> 有的話告訴我好嗎**2**？

用這種說法，代表你克制不了自己的負面情緒，也違反了本章的第一大準則。另外，你要上司說出對你有何不滿，表面上這是請求，但言外之意是，你認為上司對你的評價不夠公正客觀。

另外，這種問話方式也違反本章的第 3 大準則。當你心中有怨懟，就會講出這種疾言厲色的話來。這根本不是「提問」，而是在「逼問」上司。

你應該說「我想改善自己的缺點，請告訴我理由」。切記，這種說法非常好用，任何情況下都派得上用場。

 克制不滿的情緒，套出對方的真心話

| **1** 道歉 | + | **2** 認清自己的立場，謙虛提出建議 |

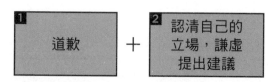

不好意思**1**，我自認已經盡力了。
如果有什麼問題我會努力改善，
可以請你指點一二嗎**2**？

　　一開頭先道歉，代表你有克制自己的情緒，也符合本章的第一大準則。另外，你請求對方指點一二，並且保證自己會馬上改進。這也符合本章的第 5 大準則，可以輕易套出對方的真心話。

　　一開頭先說「抱歉」「對不起」「不好意思」，符合第 2 章介紹的修正行動程序。先用這一句話穩住對方的情緒，你才有辦法進入「傾聽」的階段，套出對方的真心話。

　　不先道歉就直接詢問原因，聽起來會很像在逼問對方，對方也不可能據實以告。

善用視線和手勢，展現你的謙遜

臉稍微朝下，
凝視對方的眼睛

如果我有什麼
不好的地方，
會馬上改進。

這個動作代表你是
真心誠意的

- 當你說出「如果有什麼問題我會努力改善，可以請你指點一二嗎」，記得臉稍微朝下，從斜下方凝視對方的眼睛。這可以展現出謙遜的態度，比正面相對更容易獲得對方的信賴。

- 當你保證自己一定會改進時，右手不妨輕按自己的左胸口。這個動作能有效展現你的誠意。

每天練習，
你的 10 秒勝過別人的 1 小時

前文舉了很多例子，證明人際關係的好壞往往取決於短短的「10 秒」。

我認為，只要各位懂得運用本書的準則，你的 10 秒會比別人的 60 秒或一小時還有用。我們的每一天、每一年，都是無數的 10 秒累積而成的。能否善用這 10 秒，對我們的人生有很重大的影響。

我指導過的學生超過 4 萬人，其中有當過首相的政治家，也有位高權重的商界人士。每一個學生我都會告訴他們 10 秒的重要性。

一開始大家的 10 秒溝通術都說得不好，但經過練習以後，就能掌握完善的 10 秒溝通術了。很多人告訴我，他們把 10 秒溝通術應用在職場和私生活中，人生也變得更幸福美滿了。

請各位真的要練習實踐，不要只是讀過就算了。

這就跟運動或習武一樣，唯有每天苦練才能掌握高超的實力。

希望本書介紹的 10 秒溝通術，可以讓各位的人生過得更好，那我身為作者也同感欣慰。

　　這一次出版著作，多虧大山聰子小姐、原典宏先生、渡邊基志先生的大力幫忙，真的很感謝你們。

翻轉學　翻轉學系列 133

1 句話扭轉局勢的 10 秒溝通術

從一流主管到國家首領見證有感！請求、道歉、安慰、
讚美、責備……任何情境都適用的速效表達技巧

10 秒で好かれるひとこと 嫌われるひとこと

作　　　　者	佐藤綾子
譯　　　　者	葉廷昭
封 面 設 計	張天薪
內 文 排 版	黃雅芬
責 任 編 輯	王瀅晴
主　　　編	陳如翎
行 銷 企 劃	林思廷
出版二部總編輯	林俊安

出 版 者	采實文化事業股份有限公司
業 務 發 行	張世明・林踏欣・林坤蓉・王貞玉
國 際 版 權	劉靜茹
印 務 採 購	曾玉霞・莊玉鳳
會 計 行 政	李韶婉・許俶瑀・張婕莛
法 律 顧 問	第一國際法律事務所　余淑杏律師
電 子 信 箱	acme@acmebook.com.tw
采 實 官 網	www.acmebook.com.tw
采 實 臉 書	www.facebook.com/acmebook01

I S B N	978-626-349-746-7
定　　　價	380 元
初 版 一 刷	2024 年 8 月
劃 撥 帳 號	50148859
劃 撥 戶 名	采實文化事業股份有限公司
	104 台北市中山區南京東路二段 95 號 9 樓
	電話：(02)2511-9798　傳真：(02)2571-3298

國家圖書館出版品預行編目資料

1 句話扭轉局勢的 10 秒溝通術：從一流主管到國家首領見證有感！請求、
道歉、安慰、讚美、責備……任何情境都適用的速效表達技巧 / 佐藤綾
子著；葉廷昭譯 . -- 初版 . -- 臺北市：采實文化事業股份有限公司 , 2024.08
288 面；14.8×21 公分 . --（翻轉學系列；133）
譯自：10 秒で好かれるひとこと嫌われるひとこと
ISBN 978-626-349-746-7（平裝）

1.CST: 溝通 2.CST: 說話藝術 3.CST: 人際傳播

177.1　　　　　　　　　　　　　　　　　　　113008855

翻轉学